Die Napol

18

DIE NAPOLEONISCHEN KRIEGE

First edition. October 7, 2024.

Copyright © 2024 History Nerds.

ISBN: 979-8227919663

Written by History Nerds.

Inhaltsverzeichnis

Einleitung

Die Französische Revolution der späten 1790er Jahre war eines der entscheidenden Ereignisse in der Geschichte Europas. Es war der Wendepunkt – ein historischer Erdrutsch, der die Welt in eine neue, völlig andere Epoche führte. Leider kommen solche Veränderungen zu einem hohen Preis. In der Folge der Revolution kam es zu einer Reihe großangelegter Konflikte, die zusammenfassend als Napoleonische Kriege bekannt sind. Ihr Ausmaß, ihre Grausamkeit und die Verluste an Menschenleben, die sie verursachten, waren bis zu diesem Zeitpunkt beispiellos und zeigten der beobachtenden Welt, dass die Veränderung einer tausendjährigen Geschichte brutal, bösartig und turbulent sein kann. Zu Beginn der 1800er Jahre wurde deutlich, dass die Napoleonischen Kriege alles übertrafen, was die Welt bisher erlebt hatte: In vielerlei Hinsicht übertrafen diese Konflikte den *Dreißigjährigen Krieg* Mitte des 17. Jahrhunderts. Es waren Kriege großen Ausmaßes, der Taktik und Strategie. Kriege der Kühnheit und des Wagnis – von Generälen und Kaisern. Diese Kriege waren der letzte, lodernde Funke eines sich rasant verändernden Europas – der letzte Konflikt vor dem Anbruch eines neuen Zeitalters: der Industrie, des Falls der Monarchie und der Weltkriege. Dennoch hinterließen sie eine bedeutende Spur in der Welt, wie wir sie kennen, und bereiteten den Weg für noch Größeres – während sie ganze Generationen auslöschten.

Und wie bei jedem großen, globalen Konflikt waren die Napoleonischen Kriege das unvermeidliche Ergebnis des Aufstiegs eines mächtigen Herrschers – und seines Verlangens nach immer mehr. Napoleon Bonaparte war der fragliche Herrscher. Von vielen vergöttert und von noch mehr verachtet, warf Napoleon seinen Schatten über weite Teile Europas und errichtete eine kurze, aber entscheidende französische Herrschaft über den Kontinent. Bonaparte wurde auf Korsika geboren, in einer Familie des niederen italienischen Adels mit

1

Wurzeln in der Toskana. Als geschickter Glücksspieler und Opportunist stieg Napoleon durch die militärischen Ränge auf, angetrieben von einem Durst nach Macht und Einfluss. Er kam in der Folge der Französischen Revolution an die Macht und errichtete eine Militärdiktatur in der bereits instabilen, chaotischen Nation. Dennoch gelang es ihm, die Stabilität wiederherzustellen, die Finanzen zu sanieren, eine abhängige Bürokratie zu etablieren und eine mächtige Armee aufzubauen – all das in kurzer Zeit. Seine Fähigkeiten und sein Wagemut machten ihn für einige verehrt und respektiert. Aber die Verwüstung, in die er Europa stürzte, machte ihn bei den meisten verhasst. Die Geschichte der Napoleonischen Kriege ist die Geschichte der Tragödie Europas: von Bruderkriegen und von Blut, das vergeblich vergossen wurde. Es ist ebenso Napoleons Geschichte wie die Geschichte von Millionen von Männern, die seinetwegen starben. Begleiten Sie uns auf einer dramatischen Reise in eine vergangene Epoche, eine Reise durch Pulverdampf und glorreiche Kavallerieattacken!

Kapitel I Hintergrund und Auftakt zu den Napoleonischen Kriegen

Die Französische Revolution war zweifellos das wichtigste Ereignis, das dem Aufkommen der Napoleonischen Kriege vorausging. Diese Periode erschütterte Europa in einer Weise, die seit über einem Jahrhundert nicht mehr gesehen und gespürt wurde, und bereitete den Boden für einen Kampf, der alles Vorherige übertreffen sollte. Ab etwa 1787 erlebte Europa einen komplexen und weitreichenden politischen und sozioökonomischen Kampf, wobei die Französische Revolution die Schlüsselrolle spielte. Zeitgleich zur Revolution führte eine Reihe diplomatischer Bündnisse und sich verändernder Machtverhältnisse zwischen den großen europäischen Staaten zu einer raschen Verschlechterung der Beziehungen zwischen den Hauptmächten und trieb den Kontinent in einen drohenden Konflikt. Österreich und Preußen schlossen ein überraschendes diplomatisches Bündnis; und im Osten wurde Russland zunehmend mächtiger und setzte seine stetige Expansion fort. Diese Expansion stieß jedoch auf wachsende Missbilligung bei Russlands zwei großen Nachbarn – der Türkei und Polen, auf deren Kosten die Expansion voranschritt. Dies eskalierte zum Russisch-Türkischen Krieg von 1787, ein Konflikt, der sich bis 1792 hinzog – alles zugunsten Russlands. Tatsächlich führten die osmanischen Türken und die Russen zuvor bereits eine Reihe von Kriegen: Diesmal begannen die Osmanen einen Konflikt, um die an die Russen verlorenen Gebiete zurückzugewinnen. Ihr Versuch war letztendlich ein Misserfolg und diente nur dazu, Russland zu stärken, seine Grenzen zu festigen und ihm eine starke Position am Schwarzen Meer zu verschaffen.

Auf der anderen Seite erlebte Russland wachsende Spannungen mit Polen – mit dem es wiederum eine lange Geschichte der Unzufriedenheit hatte. Der polnische König und Großherzog von

Litauen, Stanisław August Poniatowski (Stanislaus II. August), war in einem rasanten Prozess, den polnischen Staat durch eine Reihe von Reformen zu stärken. Dabei handelte er gegen die Wünsche und Ziele der russischen Zarin Katharina die Große, deren Geliebter er einst war. Außerdem war sie es, die Poniatowski überhaupt erst auf den polnischen Thron gebracht hatte. Dennoch wurde die wachsende Macht und Unabhängigkeit Polens als potentielles Hindernis für die russische Expansion und Macht gesehen. Poniatowski wusste, dass er Verbündete brauchen würde, um auf diesem stetigen, aufsteigenden Kurs zu bleiben, und wandte sich an seinen traditionellen Verbündeten – Frankreich. Die Französische Revolution begann jedoch 1792, und Polen konnte sich in keiner Weise auf Frankreichs Hilfe verlassen. So marschierte Russland 1792, was zur allgemeinen steigenden Unruhe in Europa beitrug, in Polen ein, was zum Polnisch-Russischen Krieg von 1792 führte, der etwa 2 Monate dauerte und zur Zweiten Teilung Polens 1793 führte, durch die es viele Gebiete verlor. Bis 1795 und der Dritten Teilung hörte die Polnisch-Litauische Republik auf zu existieren, ebenso wie die souveränen Staaten Polen und Litauen. Natürlich bedeutete all dies, dass Russland viel mehr Territorium und Macht gewann.

Im Westen jedoch, in Frankreich, sah es zunehmend düster aus. Die französische Monarchie, das sogenannte *Ancien Régime* (Altes Regime), war seit mehreren Jahrhunderten sowohl das politische als auch das soziale System in Frankreich, begann aber in mehreren Schlüsselpunkten zu versagen. In den 1780er Jahren wurde das Alte Regime unter dem einfachen französischen Volk äußerst unbeliebt und sogar offen gehasst. Frankreich litt zu dieser Zeit unter einer Reihe wirtschaftlicher Schwierigkeiten, auch wenn es eine der reichsten europäischen Nationen war. Der Reichtum war jedoch nicht für alle bestimmt: Der Großteil davon war dem Adel und dem Hof der französischen Monarchie vorbehalten. Die größten Faktoren dieser Periode der Instabilität waren soziale Ungleichheit und Besteuerung.

Dies bedeutete, dass sowohl die niedrige Bauernklasse als auch die mittlere und obere Klasse der *Bourgeoisie* mit extrem hohen Steuern konfrontiert waren, von denen die meisten an die unvorstellbar reichen Adligen gingen, die so ihren verschwenderischen und hedonistischen Lebensstil aufrechterhielten.

So wurden Jahr für Jahr, Steuer für Steuer, die Aristokraten und der Hof des Alten Regimes immer unbeliebter und sahen sich der Mehrheit der französischen Nation als ihrem aufstrebenden Gegner gegenüber. Ein allmählicher Wandel in der französischen Gesellschaft trennte diese sozialen Klassen deutlich: Die ambitionierten und erfolgreichen Kaufleute, Bauern und Händler der Mittelschicht standen zusammen mit den bedrängten Bauern, Arbeitern und Gelehrten vor demselben Elend und derselben Unterdrückung durch den Adel. Auch der Aufstieg der französischen und anderen europäischen Philosophen, von denen viele Ideen der Aufklärung, Sozialtheorie, Gleichheit und Freiheit des Individuums präsentierten, gab dem einfachen Mann eine neue Sichtweise, ein neues und wachsendes Gefühl von Freiheit, das ihm genommen wurde. Und als Frankreich nicht mehr in der Lage war, seine Staatsschulden effektiv zu finanzieren, folgte eine wirtschaftliche Depression, die hohe Lebensmittelpreise, weit verbreitete Arbeitslosigkeit und eine aufkommende Krise mit sich brachte, die der französische König Ludwig XVI. nicht eindämmen konnte.

Ludwig XVI. wurde somit zunehmend unfähiger und verhasster. Auf der politischen Bühne weigerte er sich beharrlich, als *konstitutioneller* Monarch zu regieren, d.h. seine Autorität gemäß einer geschriebenen (oder ungeschriebenen) Verfassung auszuüben. Er hielt an seiner Herrschaft als *absoluter* Monarch fest und setzte damit diese Regierungsform in Frankreich fort, die bereits über tausend Jahre Bestand hatte. Die Unzufriedenheit des französischen Volkes entlud sich 1789, was den Beginn der Französischen Revolution und eine etwa zehnjährige Periode des Chaos in Frankreich markierte. Eines der ikonischen Ereignisse aus dem schicksalhaften Jahr 1789 ist der *Sturm auf die Bastille*, der den Ausbruch des Chaos und das Ausmaß der Wut des französischen Volkes perfekt veranschaulichte. Der Fall der königlichen Festung Bastille vor den aufgebrachten Massen wurde als enormer und symbolischer Sieg angesehen. Der *Bastille-Tag* wird noch heute gefeiert. Bis September 1792 war das Ancien Régime nach mehreren Jahrhunderten der Herrschaft über Frankreich abgeschafft. Am 22. September 1792 wurde die Erste Französische Republik ausgerufen, und 1793 wurde Ludwig XVI. unter der Guillotine hingerichtet. Sein Tod wurde als historischer Wendepunkt sowohl in der Geschichte Frankreichs als auch Europas betrachtet. Jedoch sah all diese chaotische Unruhe in Frankreich den Aufstieg einer mächtigen Persönlichkeit - Napoleon. 1769 auf Korsika in eine Familie des niederen korsischen Adels mit Ursprüngen in Mittelitalien geboren, stieg Napoleon Bonaparte durch die Ränge der Armee auf und nutzte die Französische Revolution als regelrechte Leiter zur Macht. Von seiner Familie auf Korsika aus schlug er eine militärische Laufbahn ein, studierte und trainierte an der Militärakademie in Brienne und anschließend an der Militärschule in Paris, wo er 1785 ein Offizierspatent in der Artillerie erlangte. Während seiner Jugend wurde er von den zeitgenössischen Philosophien der Aufklärung, des Patriotismus und der sozio-politischen Reform inspiriert. Er zog auch große Inspiration aus Alexander dem Großen und identifizierte sich mit ihm. Viele Historiker beschreiben Napoleon als *Außenseiterfigur*, eine Person, die oft am Rande der französischen Gesellschaft stand, mit einem Hang zu Gewalt, Frustration und Dominanz. Als viertes Kind und dritter Sohn geboren, erwarb er diese Eigenschaften möglicherweise aufgrund des Wettbewerbs mit seinen Geschwistern und einer strengen Erziehung. Sein Charakter war auch – vielleicht am wichtigsten – von einem immensen Opportunismus geprägt. Als er an die Macht kam, zögerte Napoleon nicht, seinen immensen

Machthunger auf Kosten seiner Familie zu befriedigen - wenn sie seinen Interessen und seiner politischen Macht nicht dienten.

Der junge Napoleon machte 1785 seinen Abschluss, und dies markiert seinen rasanten und stetigen Aufstieg zur Macht. Getrieben von seinem unstillbaren Verlangen nach Macht und Befehlsgewalt, stieg er durch die Ränge auf und erlangte schon früh in seiner Karriere ein Kommando. Vor Beginn der Revolution 1789 diente er als Oberleutnant in einem Artillerieregiment. Angetrieben von seinem starken korsischen Stolz und Zugehörigkeitsgefühl hegte er jedoch einen starken patriotischen Stolz und landete so auf Korsika, wo er in dem dort anhaltenden Konflikt diente. Doch als die Französische Revolution voranschritt, verlagerte auch er seinen Fokus auf das französische Festland und die dortigen Angelegenheiten. Bis 1792 wurde er zum Hauptmann in der französischen Armee befördert und kommandierte ein Bataillon von Freiwilligentruppen, als die Periode der europäischen Konflikte, bekannt als die Französischen Revolutionskriege, begann. In diesen Konflikten erlangte Napoleon die Kontrolle über die französische *Armee von Italien* und befehligte sie in den Feldzügen in Italien. Seine Fähigkeiten als militärischer Befehlshaber und Stratege wurden in diesem Feldzug schnell erkannt, wo es ihm gelang, die piemontesische Armee nach einer Reihe von beeindruckenden Siegen in nur zwei Wochen aus dem Konflikt zu drängen.

Während der Französischen Revolutionskriege und insbesondere des Italienfeldzugs schärfte Napoleon seine Fähigkeiten für zukünftige Konflikte erheblich. Er verließ sich auf neue und kühne militärische Taktiken und setzte eine nie zuvor gesehene Reihe von Strategien ein. Napoleon, als Absolvent von Militärschulen, wandte geschickt die konventionellen Ideen auf dynamische reale Situationen an. Einer seiner charakteristischen Ansätze im Kampf war der Einsatz von Artillerie in einer hochmobilen Rolle, die zur Unterstützung seiner Infanterie eingesetzt wurde. Er verließ sich auch auf die geschickte

Verschleierung seiner eigenen Truppendislozierung auf dem Schlachtfeld und legte Wert auf die Umfassung der feindlichen Streitkräfte. Für Frankreich war der Italienfeldzug in den Revolutionskriegen ein großer Erfolg, aber er war auch als Sprungbrett für Napoleon sehr wichtig. In dieser Zeit wurde er zu einer sehr einflussreichen Figur in der französischen Politik und bekam die Gelegenheit, seine Propaganda- und Manipulationsfähigkeiten einzusetzen, die ein großer Teil seiner opportunistischen Persönlichkeit waren. Und es ist während des Feldzugs in Italien, dass wir endlich einen Einblick in die wahre Natur von Napoleons Aufstieg zur Macht und seinen unstillbaren Drang bekommen: Während der Operationen „plünderte" er eine enorme Menge an Geldern aus Italien - geschätzte 45 Millionen Dollar an Geldern und weitere 12 Millionen Dollar an Edelmetallen und Juwelen. In den politischen Kreisen Frankreichs beschuldigten ihn seine Gegner diktatorischer Anmaßungen. Die ganze Zeit über verbreitete Napoleon seine Propagandazeitungen sowohl in Frankreich als auch unter seinen Truppen im Feld.

In vielerlei Hinsicht war Napoleons Aufstieg atemberaubend schnell. Nach dem kühnen Staatsstreich, bekannt als der Staatsstreich des 18. Brumaire, ergriff Napoleon die Macht in Frankreich und errichtete ein Konsulat, wobei er selbst Erster Konsul wurde. Diese Aktion war der De-facto-Wendepunkt seines Aufstiegs und machte Frankreich im Wesentlichen zu einer Diktatur. Es ist wichtig, sich daran zu erinnern, dass Frankreich, als Napoleon an die Macht kam, eine Nation in großer Unordnung war, nach den Ereignissen der Französischen Revolution. Dennoch gelang es ihm, die Armee zu reorganisieren, die Wirtschaft zu stabilisieren und erneut eine stabile Nation zu schaffen. Seine Betonung einer reorganisierten und gestärkten Armee war deutlich, und schon bald konnte Frankreich mit einer großen Anzahl von Männern und Reserven prahlen.

Nach dem sogenannten *Frieden von Amiens* der Französischen Revolutionskriege blieben die Spannungen zwischen Großbritannien und Frankreich auf einem Allzeithoch. Der kühne und entschlossene Opportunist Napoleon hatte die italienischen Regionen Elba und Piemont annektiert und sich selbst zum Präsidenten der Italienischen Republik gemacht, einem von Frankreich geschaffenen Marionettenstaat. Darüber hinaus versäumte er es, mehrere der zuvor im Frieden von Amiens festgelegten Aspekte zu erfüllen.

Einer der Hauptschwerpunkte der verschlechterten englisch-französischen Beziehungen dieser Zeit war der Handel. Dies war einer der Gründe für Napoleons gescheiterte Ägypten- und Syrien-Expedition von 1798, mit der er Großbritanniens Handelsrouten nach Indien schwächen und gleichzeitig die französischen Handelsinteressen stärken wollte. Mit der vernichtenden Niederlage der britischen Marine in der Schlacht am Nil und der Niederlage in der Schlacht von Alexandria endete Napoleons kurzer ägyptischer Feldzug ohne Erfolg.

Malta war ein weiterer Streitpunkt zwischen den beiden Mächten. Der Vertrag von Amiens konzentrierte sich insbesondere auf diese Insel, die von den Briten in den Französischen Revolutionskriegen erobert worden war. Eine weitere Destabilisierung wurde durch die französische Invasion der Schweiz im Jahr 1798 verursacht, mit der Napoleon versuchte, eine zentrale Autorität über diese Nation zu errichten. Die traditionelle schweizerische Konföderation selbstverwalteter Kantone wurde aufgelöst, und stattdessen schuf Napoleon den verbündeten (Marionetten-)Staat der Helvetischen Republik. Die Veränderung wurde in der Schweiz zutiefst missbilligt, und schon bald brachen im ganzen Land gewalttätige Konflikte aus. Die Briten sahen diese Handlungen als einen weiteren Verstoß an, und Napoleons Aktionen in der Schweiz lösten eine weitverbreitete Empörung aus.

Anfang 1803 erreichten die Spannungen zwischen Frankreich und England einen Höhepunkt. Russland gab zu dieser Zeit seine Garantien für die Unterstützung der britischen Angelegenheit in Malta, während Letztere eine neue französische Invasion Ägyptens vermuteten. Dies ging auf ein Regierungspapier zurück, das als Bericht in Frankreich veröffentlicht wurde und besagte, dass Ägypten mit Leichtigkeit erobert werden könne. Aufgrund dieser Information forderten die Briten „Genugtuung" und eine Sicherheit von Frankreich über deren Absichten. Dies stand in direktem Zusammenhang mit der britischen Evakuierung aus Malta, das als „Zwischenstation" und Sprungbrett nach Ägypten hätte genutzt werden können. Frankreich bestritt jegliche Absicht, Ägypten zu besetzen.

Mit dem Scheitern der britischen Evakuierung Maltas und der Stellung eines Ultimatums an Frankreich erreichten die Spannungen einen kritischen Punkt. Das Ultimatum forderte den Verbleib auf Malta für mindestens weitere zehn Jahre sowie den Erwerb der Insel Lampedusa und den französischen Abzug aus Holland. Die Briten boten an, Frankreichs Gewinne in Italien anzuerkennen, unter der Bedingung, dass sie die Schweiz verließen und den sardischen König für seine territorialen Verluste entschädigten. Als Antwort auf dieses Ultimatum versuchte Frankreich, die Briten zu beschwichtigen: Sie machten das Angebot, Malta in russische Hände zu legen, um den Briten die gewünschte Genugtuung zu verschaffen, und auch Holland zu verlassen, sobald Malta evakuiert wäre. Die Briten leugneten fälschlicherweise das zuvor gemachte russische Angebot, und ihr Botschafter verließ überstürzt Paris. Napoleon war immer noch daran interessiert, einen weiteren Konflikt und Krieg zu vermeiden, und unterbreitete den Briten daher ein geheimes Angebot, wonach er ihnen erlauben würde, auf Malta zu bleiben, im Austausch für die französische Besetzung der Halbinsel Otranto in Neapel. Das Angebot wurde ignoriert, und alle Versuche Napoleons, einen neuen Krieg zu vermeiden, waren vergeblich - Am 18. Mai 1803 erklärten die Briten Frankreich den Krieg.

Es ist an dieser Stelle wichtig zu bemerken, dass die genauen Daten in Bezug auf die Französischen Revolutionskriege und die Napoleonischen Kriege unsicher und umstritten sind - es gibt kein exaktes vereinbartes Datum, an dem die einen endeten und die anderen begannen. Einige Historiker schlagen vor, dass die Napoleonischen Kriege an dem Tag begannen, an dem Napoleon am 9. November 1799 nach dem Staatsstreich die Macht als Konsul ergriff. Es stimmt, dass der Kriegszustand bereits mehrere Jahre vor dem offiziell als Beginn der Napoleonischen Kriege betrachteten Zeitpunkt bestand. Diese sind heute als Französische Revolutionskriege bekannt, der europäische Konflikt, der als Folge der Französischen Revolution entstand und offiziell von etwa 20. April 1792 bis 27. März 1802 dauerte. Er stellte Frankreich und seine Verbündeten gegen Russland, Preußen, das Heilige Römische Reich und Großbritannien, oder die sogenannte Erste und Zweite Koalition. Es ist jedoch ein ebenso umfangreiches Thema wie die Napoleonischen Kriege selbst, und eine vollständige Behandlung der Französischen Revolutionskriege ist im Rahmen dieses Buches nicht möglich.

In dieser Hinsicht ist es erwähnenswert, da es als großer Vorläufer eines noch größeren Konflikts diente, der folgte (Napoleonische Kriege), und auch als entscheidende Formationsperiode für Napoleon Bonaparte als politische Figur, Führer, Militärstratege und Herrscher. Damit schließen wir den allgemeinen Überblick über den Hintergrund und die Vorspiele zu den eigentlichen Napoleonischen Kriegen ab, die vom 18. Mai 1803 bis zum 20. November 1813 dauerten.

Kapitel II Der Konflikt zwischen Großbritannien und Frankreich

An dieser Stelle ist es wichtig, über die Lage in Großbritannien während dieser Zeit nachzudenken. Zeitgleich zu den Ereignissen, die sich zwischen 1793 und 1815 in Frankreich abspielten, war Großbritannien einer der Hauptfeinde Frankreichs. Die britische Marine war Napoleon ein gewaltiger Dorn im Auge – einer, den er erfolglos zu entfernen versuchte: Erstens konnte er seine eigene Seemacht nicht verbessern, um mit den Briten gleichzuziehen, und zweitens erlitt er am Nil eine Niederlage gegen die Stärke des legendären britischen Admirals Sir Horatio Nelson.

Zu jener Zeit gehörte Großbritannien zu den wohlhabendsten Weltmächten und gewährte seinen Verbündeten in Europa oft finanzielle Unterstützung. All diese – und viele weitere – Faktoren zusammengenommen machten Großbritannien zu einem entscheidenden Akteur bei Napoleons letztendlicher Niederlage. Man könnte sagen, das Land befand sich in seiner Blütezeit – es war eines der größten Kolonialreiche der Welt und verfügte sowohl über eine moderne Armee als auch über geschickte militärische Befehlshaber. Während des gesamten Krieges trugen die traditionelle britische Natur des „zähen" britischen Soldaten und der scharfe Verstand der Oberschicht zu jenem idealisierten Bild des georgianischen Großbritanniens bei.

In Bezug auf Weltanschauung und Philosophie unterschied sich Großbritannien stark vom damaligen Frankreich: Während Letzteres von den radikalen neuen Philosophien der Aufklärung mitgerissen wurde, war Ersteres noch fest in konservativen und traditionellen Ansichten verwurzelt. Auch politisch war der Unterschied entscheidend: Großbritannien blieb monarchistisch und konservativ, während Frankreich radikal republikanisch war.

Die königliche britische Marine war wohl ihr wichtigstes Gut und ihre stärkste Kraft im Krieg und im Handel. Napoleons Aufstieg zur Macht wurde zu einer ernsthaften Bedrohung für das britische Festland, und so investierten sie einen Großteil ihrer Finanzen in die Napoleonischen Kriege. Die Royal Navy spielte dabei eine entscheidende Rolle, sowohl durch ihre Seeblockaden der französischen Häfen als auch durch ihre legendären Seesiege. Im Jahr 1803 erhielt das Königreich Großbritannien jedoch ein „Facelifting" und wurde nach der Eingliederung Irlands zum Vereinigten Königreich.

Nach den Französischen Revolutionskriegen war die Zeit des unbeständigen und instabilen „Friedens" nur kurz und dauerte etwa von 1801 bis 1803, als der Konflikt erneut ausbrach. Aber 1803 und danach war es ein viel ernsthafterer und weitaus fortgeschrittenerer Konflikt: Er stellte gereifte, stabilisierte und vergleichbar starke europäische Großmächte gegeneinander und stellte sowohl den einfachen Soldaten als auch den General auf die Probe.

Es war ein Krieg der Fähigkeiten und Strategien, der großen Linienformationen und wagemutigen Kavallerieattacken. Aber wichtiger noch, es war einer der letzten Konflikte eines sterbenden Zeitalters – die Kulmination des altehrwürdigen Zeitalters des Schießpulvers. Und die Briten waren fest entschlossen, als Sieger daraus hervorzugehen.

Ein entscheidender Weg, dies zu erreichen, war natürlich – Geld. Die Macht Napoleons zu besiegen, würde einige ernsthafte Finanzierung erfordern und die Fähigkeit, über Jahre hinweg ein Machtgleichgewicht aufrechtzuerhalten.

Um dies zu erreichen, verließ sich Großbritannien auf seine kombinierten finanziellen und industriellen Ressourcen und seine Fähigkeit, all diese für die Kriegsanstrengungen zu mobilisieren. Wir müssen uns daran erinnern, dass Frankreich damals fast doppelt so viele Einwohner hatte wie Großbritannien, mit etwa 30 Millionen Bürgern im Vergleich zu 16 Millionen im Vereinigten Königreich. Dennoch gelang es den Briten, diesen Unterschied durch staatliche Subventionen auszugleichen, indem sie für österreichische und russische Soldaten bezahlten. Etwa 1,5 Millionen Pfund wurden als Subvention für jeweils 100.000 russische Soldaten im Feld gezahlt.

Einfach ausgedrückt, gelang es Großbritannien, seine Wirtschaftskraft und eine starke nationale Produktion aufrechtzuerhalten, wobei der Schwerpunkt stark darauf lag, wo es nötig war – vor allem im militärischen Bereich. Ein Großteil seiner Wirtschaftsleistung floss in den Ausbau der Royal Navy, seinem wichtigsten Vorteil. Die Zahl der großen „Linienschiffe" wurde verdoppelt, ebenso wie die Zahl der Fregatten. Auch die Zahl der Matrosen explodierte – sie stieg in nur acht Jahren von etwa 15.000 auf 133.000. Die britische Seemacht zerstörte für immer Napoleons Vorstellungen von maritimer Vorherrschaft und einer Invasion Großbritanniens und hielt ihn während des gesamten Krieges auf dem europäischen Festland fest.

Die erwähnten Subventionen waren eine wesentliche Ausgabe Großbritanniens und wurden verwendet, um Österreich und Russland über Wasser zu halten und im Krieg zu halten. Hier ist ein interessanter Querschnitt, wie das britische Budget 1814 nach dem Krieg aussah – insgesamt betrug das Budget etwa 98 Millionen Pfund: davon waren 10 Millionen für die Royal Navy reserviert, der gleiche Betrag für Großbritanniens Verbündete, 40 Millionen blieben für die Armee, und 38 Millionen waren die Zinsen für die Staatsschulden – die sich auf fast das Doppelte des gesamten BIP Großbritanniens beliefen und insgesamt 679 Millionen Pfund betrugen. Insgesamt kosteten die Napoleonischen Kriege Großbritannien sagenhafte 831 Millionen Pfund. Dennoch wurden sowohl dies als auch die Staatsschulden von Tausenden von Investoren und natürlich den Steuerzahlern getragen. Von Letzteren war eine Person – oder besser gesagt, eine Familie – entscheidend für die Finanzierung der britischen Kriegsanstrengungen.

Von etwa 1813 bis 1815 finanzierte ein gewisser *Nathan Mayer Rothschild*, ein wohlhabender jüdischer Bankier, im Alleingang die gesamten britischen Kriegsanstrengungen, organisierte die Zahlung britischer Subventionen an ihre Verbündeten in Europa sowie den Versand von Edelmetallbarren an die Armeen des Herzogs von Wellington auf dem europäischen Festland. Zu jener Zeit war dieser Mann einer der, wenn nicht sogar *der* reichste Mann der Welt und die vermögendste Figur in der Rothschild-Bankendynastie.

Kapitel III Der Krieg der Dritten Koalition

Der erste Konflikt der Napoleonischen Kriege – und wohl der mit den bedeutendsten Ereignissen – war als der Krieg der Dritten Koalition bekannt. Hier müssen wir uns an die vorausgehenden Französischen Revolutionskriege und die anfänglichen Ersten und Zweiten Koalitionen erinnern. Der Krieg der Dritten Koalition dauerte von 1803 bis 1806 und markiert die Eröffnungsphase der Napoleonischen Kriege. Die sogenannte Dritte Koalition war das Bündnis des Heiligen Römischen Reiches, des Vereinigten Königreichs, Neapels, Siziliens, Schwedens und des Russischen Reiches gegen Frankreich unter Napoleon und mehrere französische Klientenstaaten.

Erzürnt über Großbritanniens Beharrlichkeit, in den Krieg zu ziehen, erwog Napoleon erneut ernsthaft eine Invasion Großbritanniens. Dafür versammelte er eine gewaltige Armee von 180.000 Mann in Boulogne-sur-Mer an der französischen Küste. Wie wir jedoch zuvor erwähnten, fehlte ihm (wissentlich) die notwendige maritime Überlegenheit, um den Ärmelkanal ungehindert zu überqueren. Daher entwickelte er einen kühnen und komplexen Plan, mit dem er die britische Flotte von den Kanalübergängen weglocken und so eine unbehelligte Invasion ermöglichen wollte. Der Plan basierte darauf, britische Überseegebiete in Westindien anzugreifen und zu bedrohen, um so die Aufmerksamkeit der feindlichen Marine abzulenken. Das Ergebnis dieses napoleonischen Plans war die berühmte Schlacht von Trafalgar.

Die Schlacht von Trafalgar

Napoleons Absichten im Ärmelkanal waren klar - die britischen Inseln sollten verwundbar und offen für eine Invasion bleiben. Ein Teil seines Plans war es, die gesamte, schwächere französische Flotte mit den vereinten Schiffen seiner Verbündeten zu kombinieren. Mit einer solch vereinten Streitmacht hatte er die Chance, in einer einzigen wagemutigen Aktion schnell und entscheidend die Kontrolle über den Ärmelkanal zu erlangen. Doch während dies der theoretische Plan war, fand die Realität oft einen Weg, sich in den Weg zu stellen.

Wie erwähnt, bestand die Hauptaufgabe dieser kombinierten Flotte Napoleons darin, in die Karibik zu segeln, wo sie sich mit den dort stationierten Seestreitkräften vereinigen, sich neu versorgen und dann in voller Stärke nach Europa zurückkehren sollte. Doch hier taucht die erste mögliche Schwachstelle auf - das französische Kommando. Die französische Mittelmeerflotte stand damals unter dem Kommando von Vizeadmiral Pierre-Charles Villeneuve. Obwohl er ein strenger und äußerst gehorsamer Marinekommandant unter Napoleons Streitkräften war, war er bei weitem nicht der kompetenteste oder wagemutigste. Im Vergleich zu ihm rühmte sich die britische Royal Navy eines der besten Marinekommandanten seiner Zeit, des hochgelobten Vizeadmirals Sir Horatio Nelson. 1805 wurde Nelson mit der Fortführung der Seeblockade der französischen Streitkräfte bei Toulon beauftragt. Diese Blockade war locker - Nelson entschied sich bewusst für eine solch entspannte Blockade in der Hoffnung, die französische Marine in eine Schlacht zu locken und sie zu besiegen. Der andere Teil der britischen Flotte stand unter dem Kommando von Lord Cornwallis und blockierte den Hafen von Brest. Es versteht sich von selbst, dass beide Seeblockaden Napoleons Pläne am Boden hielten.

Dennoch gelang es Admiral Villeneuve, seine Aufgabe mit ein wenig Risikobereitschaft zu erfüllen. Dies geschah, als Nelsons Schiffe aufgrund besonders schlechten Wetters aus ihrer Formation gerissen und vom Kurs abgebracht wurden. Villeneuve nutzte diese Gelegenheit zum Durchbruch, setzte mit seiner Flotte Segel, traf sich mit der verbündeten spanischen Flotte und setzte seinen Weg wie geplant in die Karibik fort.

Nach Abschluss dieser Aufgabe sollte er Napoleons strikte Befehle befolgen - zurück zum Hafen von Brest. Bei der Rückkehr aus der Karibik einige Monate später zeigte Pierre-Charles Villeneuve jedoch seinen Mangel an taktischer Erfahrung als Kommandant und beging einen beträchtlichen Fehler. In Kenntnis der britischen Präsenz nahe Brest fürchtete Villeneuve eine Schlacht und änderte seinen Kurs nicht in Richtung Brest, sondern zum spanischen Hafen von Cádiz.

Lord Admiral Horatio Nelson erhielt am 2. September 1805 die Nachricht von der vereinten französisch-spanischen Flotte bei Cádiz und handelte sofort. Bis zum 15. desselben Monats war sein Flaggschiff, die geschätzte HMS Victory, bereit. In der Zwischenzeit machte auch Cornwallis einen exzellenten Zug, indem er etwa 20 Linienschiffe von seinen Formationen bei Brest abzog und sie in der Hoffnung, Nelsons Streitmacht zu verstärken, in Richtung Cádiz schickte. Bis zum 28. September waren beide Flotten in Position nahe Cádiz - zum Entsetzen von Villeneuve.

Der Vergleich der gegnerischen Seestreitkräfte ist entscheidend für das Studium der Schlacht von Trafalgar. Er zeigt uns, dass zahlenmäßige Überlegenheit in bestimmten Fällen nicht der Schlüssel zum Sieg ist. Dies galt besonders für das napoleonische Schlachtfeld, wo taktisches Verständnis und überlegene Strategie neben wagemutigen Entscheidungen oft entscheidend für den Sieg waren. In der Schlacht von Trafalgar befehligte Lord Horatio Nelson über 27 *Linienschiffe*. Dieser Begriff bezeichnet ein Standard-*Kriegsschiff* der damaligen Zeit. Linienschiffe wurden dann in mehrere Klassen unterteilt, meist abhängig von der Anzahl der Kanonen, die sie führten. Schiffe *ersten Ranges* zählten jeweils 100 Kanonen und waren verständlicherweise die besten von allen. Nelson befehligte in seiner Flotte nur 3 solcher Schiffe. Schiffe *zweiten Ranges* trugen jeweils 98 Kanonen, und davon gab es 4 in der britischen Flotte. Der Rest von Nelsons Flotte bestand aus einem 80-Kanonen-Schiff, 16 74-Kanonen-Schiffen und 3 64-Kanonen-Schiffen.

Im Vergleich dazu übertraf die vereinte Flotte der Franzosen und Spanier die britische um einige Schiffe. Ihre Streitmacht zählte 33 Schiffe unter dem Kommando von Pierre-Charles Villeneuve - sechs mehr als Nelson hatte. Während dies nach nicht viel klingen mag, zählt es in der Seekriegsführung als eine Menge. Vier Schiffe *ersten Ranges* befanden sich in der spanischen Flotte, wobei zwei davon jeweils 112 Kanonen trugen, eines 100 Kanonen und eines erstaunliche 130 Kanonen - 30 mehr als das beste Schiff in Nelsons Flotte, die HMS *Victory*. Der Rest der französisch-spanischen Flotte bestand aus formidablen Schiffen, von denen die meisten 80 Kanonen trugen. Wenn wir die Zusammensetzungen dieser beiden Flotten vergleichen, sehen wir, dass die Flotte, die Villeneuve befehligte, der von Horatio Nelson in jeder Hinsicht überlegen war. Dennoch fehlten ihm die Kühnheit, das taktische Geschick und die Fähigkeiten, die Nelson besaß.

Allerdings gab es einen entscheidenden Punkt, der als klare Trennlinie zwischen diesen beiden gegnerischen Flotten stand - die Fähigkeiten der Besatzung. Die britischen Matrosen und Seeleute waren größtenteils erfahrene Veteranen, die an die harten Bedingungen an Bord eines Kriegsschiffs gewöhnt waren. Und hart waren sie - das Leben auf einem Segelschiff der damaligen Zeit war bekanntermaßen unmenschlich. Die Seeleute in der französischen Flotte hingegen waren unerfahren, oft frisch rekrutiert und mussten während der Fahrt ausgebildet werden. Dieser Mangel an Erfahrung bei vielen von ihnen rührte größtenteils daher, dass die Schiffe, auf denen sie dienten, so lange blockiert waren.

Die Kanonen auf ihren Schiffen spielten ebenfalls eine entscheidende Rolle in dieser Schlacht. Fast alle Kanonen, mit denen die französisch-spanische Flotte protzte, wurden mit einer *langsam brennenden* Lunte abgefeuert. Kombiniert man diese Tatsache mit der mangelnden Erfahrung der Besatzung, ergibt sich eine unerwünschte Feuerrate von etwa 3 bis 5 Minuten pro Schuss.

Die Briten hingegen verfügten über Kanonen, die sich auf Steinschloss-Abfeuerungsmechanismen stützten. Und mit der Erfahrung der Kanoniere, die sie bedienten, konnten sie eine Feuerrate von nur 90 Sekunden pro Schuss erreichen.

Napoleons Befehle waren genau und klar, und dennoch zögerte Villeneuve. Seine Aufgabe war es, die vereinte Flotte von Cádiz nach Neapel zu segeln. Villeneuve wurde jedoch erneut unentschlossen und änderte die Befehle für seine Flotte mehrmals innerhalb weniger Tage. Schließlich gab er dem Druck nach und erteilte am 18. Oktober 1805 den endgültigen Befehl für seine Flotte, Cádiz zu verlassen. Aber zu diesem Zeitpunkt war es vielleicht schon zu spät. Das Wetter war alles andere als günstig, mit nur leichten Winden und ruhiger See: Dies führte zu einem sehr langsamen Vorankommen der Flotte. Für die Briten war dies jedoch ein klarer Vorteil, da sie die Bewegungen ihres Feindes leicht beobachten konnten.

Als seine Flotte das offene Wasser erreichte, entschied sich Villeneuve für eine 3-Linien-Formation und dehnte seine Kolonne aus. Allerdings konnte er schon 2 Tage nach dem Verlassen von Cádiz die britische Flotte in Verfolgung am Heck ausmachen. Villeneuve wusste zu diesem Zeitpunkt, dass eine Schlacht unmittelbar bevorstand, und gab den Befehl zur Einzellinienformation. Am nächsten Morgen waren die Briten in voller Sicht am Heck und machten mit vom Wind gefüllten Segeln schnell Jagd.

Der 21. Oktober war der Morgen der Schlacht. An diesem Tag befand sich die britische Flotte etwa 34 Kilometer nordwestlich vom Kap Trafalgar an der spanischen Küste. Zwischen diesen beiden lag die vereinte französisch-spanische Flotte. Lord Admiral Horatio Nelson gab an diesem Tag gegen 6 Uhr morgens den Befehl zur vollen Schlachtbereitschaft und war nur zwei Stunden später in voller Sicht der Franzosen. In diesem Moment entschied Villeneuve – vermutlich ein großer Fehler –, seine gesamte Flotte zu wenden und nach Cádiz zurückzukehren. Seine Befehle wurden nicht effektiv ausgeführt und führten zu einem langsamen und unkoordinierten Wendemanöver. Das Ergebnis war eine gemischte Formation und eine gestreckte Linie von Schiffen, die sich über etwa 8 Kilometer erstreckte. Nelson setzte einfach seinen Vormarsch fort und hielt die Verfolgung aufrecht. Er befahl eine Formation aus zwei parallelen Linien, die so positioniert waren, dass sie direkt in das Zentrum der gestreckten Flotte seines Gegners einschnitten. Das Einzige, was er in der desorganisierten französischen Flotte nicht erkennen konnte, war deren Flaggschiff. Hier können wir das Wagemut und die kalkulierten Risiken eines geschickten Marinekommandanten erkennen: Nelson wusste, dass er in der Unterzahl und unterlegen war, nutzte aber dennoch die Situation aus und drängte vorwärts.

Die Schlacht begann gegen 11:45 Uhr an diesem Morgen, und ungefähr zu dieser Zeit gab Horatio Nelson seinen berühmten Befehl, der legendär werden sollte. Vom Besanmast seines Flaggschiffs HMS *Victory* aus ordnete er eine Nachricht in Form von Signalflaggen an, die einfach besagte: „England erwartet, dass jeder Mann seine Pflicht tun wird".

Und sie taten ihre Pflicht wirklich. Die parallelen Kolonnen der britischen Flotte schnitten direkt in die feindlichen Schiffe ein und begannen die Schlacht mit einem katastrophalen Austausch von Kanonensalven. Was folgte, war eine chaotische Seeschlacht, in der Schiffe manövrierten, um die bestmöglichen Angriffswinkel zu finden. Die HMS *Royal Sovereign*, das britische 100-Kanonen-Schiff, feuerte eine vernichtende Salve aus seinen Kanonen auf die spanische *Santa Ana* ab und eroberte sie anschließend. Andere Schiffe hatten weniger

Glück. Die britische HMS *Belleisle* stand vier Schiffen gleichzeitig gegenüber und wurde vernichtet. Diese enge, gewalttätige Schlacht war ein klassisches Beispiel für eine Seeschlacht der napoleonischen Ära: ein chaotisches Schlachtfeld, auf dem verheerendes Kanonenfeuer sowohl Schiff als auch Mann zerstörte und die Szene in dicken, nebelartigen Pulverrauch hüllte. Als die Formationen enger wurden, verkeilten sich die Schiffe ineinander und wurden geentert, wobei Mann gegen Mann im Nahkampf kämpfte.

Doch während des gesamten Kampfes gelang es der britischen Flotte, die Oberhand zu behalten, indem sie ihren Angriff kontinuierlich fortsetzte und den anfänglichen Vorteil ausnutzte. Als das Heck von Nelsons Formation nacheinander in den Kampf eintrat, geriet die französisch-spanische Flotte unter ständigen Druck. Am Ende begannen die französischen und spanischen Schiffe – diejenigen, die nicht gesunken waren – zu kapitulieren. Die Briten gewannen den Tag.

Leider war es ein kostspieliger Sieg – Lord Admiral Horatio Nelson, einer der größten Befehlshaber und Helden der Briten, gab sein Leben durch eine Musketenkugel, die von einem feindlichen Schiff abgefeuert wurde. Aber sein Sieg reichte aus, um die britische Seeherrschaft zu festigen: Napoleons Unvertrautheit mit Marinestrategien und die Inkompetenz seiner Kommandanten bedeuteten, dass er nie wieder die Chance bekommen würde, den Ärmelkanal zu überqueren.

Die ersten Siege

Der sogenannte Krieg der Dritten Koalition, der von 1803 bis 1806 dauerte, wurde von mehreren Schlüsselereignissen geprägt. Während die Schlacht von Trafalgar sicherlich eine entscheidende war, gab es auch andere Ereignisse zu Lande, die den Verlauf der Napoleonischen Kriege bestimmten. Und wo Napoleon auf dem Wasser keinen Erfolg hatte, machte er dies auf dem Land wett.

1804 schockierte Napoleon die europäische Welt erneut. Er ließ Louis Antoine de Bourbon, duc d'Enghien, einen prominenten französischen Adligen und Mitglied des wohlhabenden Hauses Bourbon, festnehmen. Napoleon beschuldigte den Mann, Großbritannien zu unterstützen und gegen ihn zu intrigieren, woraufhin er angeklagt und hingerichtet wurde. Dieses Ereignis löste in den europäischen Königshäusern weitverbreitetes Entsetzen aus und spornte Österreich und Russland dazu an, gegen Napoleon vorzugehen, wodurch sie praktisch in den Krieg hineingezogen wurden. Der russische Kaiser, Zar Alexander I., trat somit der Dritten Koalition bei, um Napoleons Macht Einhalt zu gebieten.

Die tatsächlichen Gründe für die Hinrichtung des Duc d'Enghien könnten sogar noch tiefer liegen, und es könnte ein persönlicher Konflikt zwischen den beiden bestanden haben. Dennoch war diese Aktion für viele ein Schandfleck auf Napoleons Ehre.

Genau als sich die Segel von Trafalgar blähten und die Kanonen der Schiffe donnerten, entfaltete sich auch zu Lande ein entscheidender Kampf. In der sogenannten Ulmer Kampagne zeigte Napoleon Bonaparte seine außergewöhnlichen Fähigkeiten als militärischer Befehlshaber im Kampf gegen das Österreichische Kaiserreich.

Letzteres hatte bereits 1801 mit seinen militärischen Reformen begonnen und Feldmarschall Karl Mack zum obersten Befehlshaber der Armee ernannt. Auch er leitete Reformen der Infanterie ein, was dazu führte, dass ein Großteil des Offizierskorps nicht ausreichend ausgebildet war. Dennoch verfügten die Österreicher zur Zeit der Dritten Koalition über eine der besten Kavallerietruppen Europas. Napoleon jedoch setzte ganz auf Entschlossenheit. Seine Taktiken waren schnell, selbstsicher, geradlinig und oft kühn. Seine *Grande Armée* (Die Große Armee) zählte zur Zeit der Ulmer Kampagne etwa 210.000 Mann, aufgeteilt in sieben Armeekorps. Er sicherte sich auch eine beträchtliche Kavalleriereseve mit gemischten Dragoner- und Kürassierdivisionen. Ein wichtiger Vorteil, den die französische Armee besaß, war ein gut ausgebildetes Offizierskorps. Die meisten, wenn nicht alle, waren Veteranen, die in den vorangegangenen Französischen Revolutionskriegen gedient hatten. Darüber hinaus war die französische Armee gut ausgerüstet und gut ausgebildet.

Während die Bewegungen am Boden voranschritten, entwarf der österreichische Befehlshaber Mack seine eigene Strategie. Da er das gebirgige Schwarzwaldgebiet in Süddeutschland für den wahrscheinlichsten Weg hielt, den Napoleon ausnutzen würde, konzentrierte er dort seine Verteidigung der österreichischen Grenzen. Er wusste, dass er die schlechtesten Chancen hatte, wenn er Napoleon gegenüberstand - seine Armee zählte nur 23.000 Mann. Daher entschied er sich für die Verteidigung und wählte dafür die strategisch wichtige Stadt Ulm. Dort hoffte er, den französischen Vormarsch - falls er käme - aufzuhalten und lange genug durchzuhalten, bis die russischen Verstärkungen einträfen. Letztere waren unter General Kutuzow im Anmarsch. Aber es gab einen großen Fehler im österreichischen Denken. Da Napoleons Hauptaugenmerk in den vorangegangenen Konflikten - 1796 und 1800 - auf Italien lag, stationierte das österreichische Oberkommando den Großteil ihrer Truppen dort, in der Annahme, dass die Franzosen auch ein drittes Mal dort zuschlagen würden. Napoleon war jedoch kein so unerfahrener Befehlshaber, wie sie dachten.

Seine Absichten waren folgende: Die sieben Korps seiner Großen Armee - 210.000 Soldaten - sollten nach Osten marschieren und hoffentlich die österreichischen Streitkräfte unter General Mack einkreisen. Um seine Bewegungen zu verschleiern, verließ er sich auf Marschall Murat, dessen Kavallerie die Österreicher verwirren und ihnen den Eindruck vermitteln sollte, dass Napoleon tatsächlich in die entgegengesetzte Richtung vorrückte. Gleichzeitig sicherte er geschickt alle seine Schwachpunkte ab: Boulougne an der französischen Küste war gegen eine mögliche britische Invasion gesichert; österreichische Truppen in Italien wurden gebunden und dort festgehalten; ebenso wie die Streitkräfte in Neapel. Darüber hinaus machten gute Kommunikationslinien und gute Aufklärung die Ausführung dieses Plans noch reibungsloser.

Hier ist es wichtig zu beachten, dass es sich um Bewegungen in großem Maßstab handelt. Beim Lesen dieser Zeilen könnten Sie den Eindruck eines kleinräumigen Manövers bekommen, aber in Wirklichkeit war es nicht so: Diese Aktionen involvierten Tausende und Abertausende von Männern und umfassten strategische Aufstellungen und Bewegungen, die in Dutzenden von Kilometern gemessen wurden und viele Städte als Schlüsselpositionen einer Operation einbezogen. So sah die „große Strategie" der napoleonischen Ära aus. Schließlich erfordert das Manövrieren mit einer Streitmacht von 210.000 Soldaten ein wenig Platz.

Die folgende Aktion war ein Paradebeispiel für effektive Manöver und Einkreisung. Napoleon verließ sich auf einen rasanten, schnellen Marsch, den er oft über die Fähigkeiten der Infanterie hinaus aufrechterhielt. Dennoch ermöglichte es ihm, erfolgreich ein großes Umgehungsmanöver durchzuführen, hinter der österreichischen Armee von General Mack zu schwenken und sie bis zum 20. Oktober 1805 gefangen zu nehmen. In der gesamten Ulmer Kampagne, die nur 25 Tage dauerte, nahmen die Franzosen etwa 60.000 österreichische Soldaten gefangen. Auch der Vergleich der Verluste fällt sehr unterschiedlich aus: Die Franzosen hatten 2.000 Tote und Verwundete zu beklagen, die Österreicher fast 60.000. Napoleon konnte sich auch auf seine hochkompetenten Generäle verlassen, namentlich Marschall Murat und Marschall Ney, sowie Marschall Davout. Ihr Ansporn, die schnellen Bewegungen und ihre Zuverlässigkeit machten die Ulmer Kampagne zu einem sicheren Erfolg.

Obwohl eine ganze österreichische Armee unter Mack gefangen genommen wurde, blieb jedoch noch die Bedrohung durch die anrückende russische Armee unter Kutuzow bestehen. Diese große Streitmacht befand sich noch in der Nähe von Wien in Österreich und versuchte, sich mit den Überresten der österreichischen Armee zu vereinen und weitere Verstärkungen zu erhalten. In diesem entscheidenden Moment zahlten sich Napoleons Entschlossenheit und Ausdauer aus: Er setzte seinen Vormarsch fort, eroberte Wien und marschierte den Russen entgegen.

Schlacht bei Austerlitz

Die gesamten Napoleonischen Kriege waren geprägt von ruhmreichen Schlachten, Scharmützeln und Zusammenstößen, von großartiger Strategie und heldenhaften Taten von Soldaten und Generälen. Doch eine Schlacht ragte als absolutes Herzstück der gesamten Ära der Napoleonischen Kriege heraus, ein taktisches Meisterwerk von nie zuvor gesehenem Ausmaß. Austerlitz ist diese Schlacht, weithin als Kronjuwel von Napoleons gesamtem Leben gepriesen. Sie ging als klassisches Beispiel für gewagte Militärstrategie, geschickte Manöver und Bewegungskrieg in die Geschichtsbücher ein. In den folgenden Generationen romantisiert und besungen, war es sicherlich ein Tag des Heldentums. Für den Soldaten auf dem Feld war es jedoch nicht so großartig. Besonders nicht für die österreichischen und russischen Soldaten.

Nach seinem Triumph im Ulmer Feldzug und der schnellen Gefangennahme von Macks österreichischer Armee hielt Napoleon sein Tempo aufrecht und nahm im November 1805 Wien ein. Erneut setzte er auf fieberhafte, äußerst schnelle Gewaltmärsche mit dem Ziel, die russische Armee anzugreifen. Letztere hatte es versäumt, die österreichischen Streitkräfte unter Mack zu entlasten, und verlegte sich nun in den Nordosten, wo sie auf Verstärkung wartete. An der Spitze der russisch-österreichischen Armee stand General Kutusow, ein Mann von großem militärischem Geschick und der vom russischen Zaren Alexander ernannte Oberbefehlshaber. Die russische Armee rühmte sich einer hochqualifizierten Artillerietruppe und war stolz auf die umfangreiche Ausbildung und Erfahrung ihrer Artilleriebesatzungen. Auch der gemeine russische Infanterist galt als zäher und widerstandsfähiger Soldat. Dasselbe konnte man jedoch nicht vom russischen Offizierskorps behaupten: Die höheren Offiziere wurden fast ausschließlich aus aristokratischen Kreisen rekrutiert. Fürstenfamilien sahen oft Prestige im Militärdienst, und

Offizierspatente wurden oft an den Höchstbietenden oder den höheren Adligen vergeben. Kompetenz spielte bei der Rekrutierung kaum eine Rolle, was zu einem mittelmäßigen Offizierskorps führte. Als Napoleon seinen Marsch auf die Russen fortsetzte, erkannte er die Mängel seiner Position. An erster Stelle standen seine Kommunikationslinien. Gefährlich dünn gestreckt, liefen sie Gefahr, abgeschnitten zu werden, und erforderten verstärkte Bewachung. Angesichts weiterer Schwierigkeiten wusste er, dass er die Russen in eine Schlacht ziehen *musste*, wenn er den Erfolg, den er bei Ulm errungen hatte, nutzen wollte. Doch Kutusow war ein gerissener Befehlshaber. Auch er wusste, dass Napoleon eine Schlacht wollte, und wiederholte nicht die Fehler von General Mack. Er zog sich weiter nach Osten zurück. Und an diesem Punkt beginnt die Schlacht der großen militärischen Köpfe, wobei jeder General versucht, den anderen zu überlisten und zu „überstrategieren". Napoleon dachte immer voraus. Er entschied sich dafür, den Feind in die Schlacht zu locken und legte eine Art psychologische Falle. In den Tagen vor der Schlacht tat er alles, um die französische Armee als geschwächt, in Unordnung und friedenssuchend darzustellen. Doch gleichzeitig befahl er etwa 53.000 Mann, die Aufmerksamkeit des Feindes zu fesseln und die Höhen von Austerlitz und die Straße nach Olmütz zu besetzen. Dies war ein weiterer Köder - die russisch-österreichische Armee zählte etwa 89.000 Mann und würde es verlockend finden, die kleinere französische Streitmacht anzugreifen.

Aber Napoleon platzierte geschickt drei Armeen - unter dem Kommando von Davout, Mortier und Bernadotte - in unmittelbarer Nähe und gab ihnen die Möglichkeit, diese 53.000 durch einen schnellen Gewaltmarsch rasch zu verstärken. Darüber hinaus unterstrich Napoleon seine Täuschung, eine Schlacht vermeiden zu wollen, indem er einen angesehenen Befehlshaber - General Savary - ins feindliche Hauptquartier schickte, um den Wunsch auszudrücken, eine Schlacht zu vermeiden. Dies sollte wie eine Schwäche aussehen.

Der österreichische Kaiser Franz I. bot Napoleon kurz darauf einen Waffenstillstand an, den letzterer (scheinbar) begeistert annahm. Dann befahl er sofort seinen Truppen, die taktisch vorteilhaften Höhen von Austerlitz und die Pratzener Höhen aufzugeben. Er ordnete auch an, dass dieser Rückzug chaotisch und überstürzt dargestellt werden sollte. Napoleon wollte, dass der Feind diese Stellungen als Teil seines Plans einnahm. Mehr noch, er trieb seine List auf die Spitze, als er den Wunsch äußerte, sich mit dem russischen Kaiser Alexander zu treffen. Stattdessen empfing er den Adjutanten des Zaren, Fürst Dolgorukow. Während dieses Treffens zeigte Napoleon Unentschlossenheit, Zögern und Besorgnis, um seine Lage als verzweifelt darzustellen. Es funktionierte. Nach dem Treffen waren die Russen und die Österreicher von der französischen Schwäche überzeugt, und die meisten Generäle stimmten für einen sofortigen Angriff auf die Franzosen. Der einzige, der dagegen war, war der erfahrenste - Kutusow. Er war jedoch in der Minderheit, und seine Pläne wurden abgelehnt, was dazu führte, dass die Russen und Österreicher kopfüber in Napoleons gewagte Falle tappten.

Die Schlacht bei Austerlitz fand etwa zehn Kilometer südöstlich der zweitgrößten Stadt der heutigen Tschechischen Republik - Brünn - statt. Im Jahr 1805 war es jedoch Teil Österreichs. Wie der Name schon sagt, lag es in der Nähe der Stadt Austerlitz (heute bekannt als *Slavkov u Brna*), wobei sich das Hauptgeschehen auf dem sanft abfallenden Hügel namens Pratzen-Höhen abspielte. Am Morgen der Schlacht war Napoleon zahlenmäßig unterlegen: Ihm standen etwa 72.000 Mann zur Verfügung, mit weiteren 7.000 unter Marschall Davout weiter im Süden. Die Russen und Österreicher hingegen verfügten über 85.000 Mann und etwa doppelt so viele Geschütze - 318 gegenüber Napoleons 157.

Napoleon wagte dann eines seiner größten Manöver - um den Feind zum Angriff zu ermutigen, schwächte er absichtlich seinen rechten Flügel. Hier wird deutlich, dass er ein wagemutiger

Risikomensch war: Er selbst war sich des Sieges nicht sicher, ebenso wenig wie seine Marschälle. Am 28. November versammelten sie sich im Hauptquartier, wo sie zu einem Rückzug rieten. Napoleon lehnte dies ab und hielt an seinem kühnen Plan fest: Wenn der Feind seinen geschwächten Flügel sah, würde er schnell eine große Streitmacht konzentrieren, in der Hoffnung, ihn einzukesseln und die Nachschublinien zu unterbrechen. Dies würde jedoch das feindliche Zentrum und den linken Flügel verwundbar machen. Während all dem würde Napoleon den Großteil seiner Truppen gegenüber den Pratzen-Höhen verstecken, die er zuvor aufgegeben hatte. Der Plan sah vor, dass diese Hauptstreitmacht das geschwächte Zentrum des Feindes ausnutzen und dessen Armee von hinten einkreisen sollte. Ein Großteil dieses Plans hing mit der Beschaffenheit des Geländes zusammen - wenn ein Militärkommandant es effektiv nutzte, konnte er die Waagschale erheblich zu seinen Gunsten neigen.

Die eigentliche Schlacht begann am 2. Dezember 1805 gegen 8 Uhr morgens. Dieser Morgen war besonders kalt und neblig. Von den ersten ausgetauschten Salven an erwies sich die Schlacht in jeder Hinsicht als erbittert. Mehrere kleine Dörfer und Städte waren über das Gebiet von Austerlitz verstreut, und in vielen von ihnen kam es zu heftigen Kämpfen. Wie Napoleon vorhergesagt hatte, begannen die feindlichen Streitkräfte, die rechte Flanke der Franzosen entschieden anzugreifen, allerdings zunächst langsam und mit zunehmendem Druck. Während der Schlacht bewies Kutusow erneut seine Reife und sein Geschick als Kommandeur, als er – genauso wie Napoleon – die eindeutige Bedeutung der Pratzen-Höhen erkannte und sein IV. Korps direkt darauf in Wartestellung platzierte. Der etwas ungeduldige und junge russische Zar Alexander erkannte jedoch den Wert des Hügels nicht und befahl Kutusow daher, die Höhen aufzugeben. Diese Entscheidung besiegelte das Schicksal der russischen und österreichischen Armeen.

Um 8:45 Uhr morgens konnte Napoleon endlich das erkennen, was er die ganze Zeit geplant hatte – ein geschwächtes feindliches Zentrum. Er befahl umgehend Marschall Soult, seine Männer eilig zu den Pratzen-Höhen marschieren zu lassen, und äußerte dabei den berühmten Satz: *„Ein harter Schlag, und der Krieg ist vorbei".* Es war die Division unter dem Kommando von General Saint-Hilaire, die den Vorstoß zu den Höhen unternahm und die russischen Überreste auf dem Gipfel in einem erbitterten Angriff überraschte. Es war ein wilder und erbitterter Kampf, um diese Position einzunehmen, aber schließlich gelang es Saint-Hilaires Männern, den Feind nach einem letzten Nahkampf von den Pratzen-Höhen zu vertreiben. In der Zwischenzeit verlief die Schlacht andernorts stetig zugunsten Frankreichs. Die Russen begriffen schnell die Schwierigkeit ihrer Position – dies wurde deutlich, als sie ihre schwere Kavallerie, die russische kaiserliche Garde, einsetzten, die vom Bruder des Zaren selbst, Großfürst Konstantin, befehligt wurde. Dies waren äußerst kompetente Soldaten, und ihr heftiger Angriff führte zur Eroberung einer einzigen französischen Standarte – der einzigen, die an diesem Tag verloren ging.

Napoleon reagierte schnell auf diese erhebliche Bedrohung und befahl seiner eigenen schweren Gardekavallerie zum Angriff zu reiten. Sie stellten sich der russischen Kavallerie entgegen und vernichteten sie im folgenden Zusammenstoß vollständig. Dies zeigt, wie viel erfahrener die französischen Kavalleristen waren. Auch die französische Artillerie spielte in dieser Schlacht eine entscheidende Rolle. Die von Pferden gezogenen Kanonen waren eine mobile und effiziente Waffe und fügten den Russen in mehreren Phasen der Schlacht schwere Verluste zu. Die Pratzen-Höhen waren in dieser Hinsicht besonders blutig, und selbst der russische General Kutusow wurde dort verwundet.

Während des größten Teils der Schlacht hatten die Russen einen zahlenmäßigen Vorteil. Mehrere russische Manöver zu Beginn wurden zu langsam ausgeführt und erreichten keine angemessene Position. Als sie sich jedoch später korrigierten, erwies sich ihre Langsamkeit als Segen – da sie so als Verstärkung für die schwindenden russischen Zahlen im Norden des Schlachtfeldes dienten. Dennoch hielten die Truppen Napoleons dank entscheidender Einsätze des französischen Marschalls Murat und der außergewöhnlichen Tapferkeit der französischen Soldaten das Feld. Im Süden des Schlachtfeldes, wohin Napoleon später seine Aufmerksamkeit verlagerte, spielte die Festung Sokolnitz eine Schlüsselrolle – sie wechselte während der Schlacht mehrmals den Besitzer. Die verlagerte Division von Saint-Hilaire griff jedoch zusammen mit dem 3. Korps von Marschall Davout Sokolnitz in einer entscheidenden zweizackigen Formation an und zwang den Feind nach erbitterten Kämpfen zur panischen Flucht. Am (be)rüchtigsten war, dass der Kommandeur des russischen linken Flügels, der erfahrene Befehlshaber Von Buxhowden, völlig betrunken war und sich mit seinen Truppen ebenfalls dem Rückzug anschloss. Schritt für Schritt siegten die Franzosen, und schon bald begannen die russisch-österreichischen Streitkräfte einen panischen Rückzug auf ganzer Linie. Die Niederlage in der Schlacht von Austerlitz war eine absolute Katastrophe für alle alliierten Mächte. Da der Krieg der Dritten Koalition im Wesentlichen von den Briten geführt wurde, löste dies eine große Welle des Zweifels an ihrer Fähigkeit aus. Napoleon erreichte, was er sich gewünscht hatte – er wurde von seinen Männern als Held gefeiert, und sein Sieg wurde von allen als absolutes taktisches Wunder anerkannt. Die Heftigkeit der Kämpfe und die Größe seines Sieges beschleunigten im Wesentlichen das Ende des Krieges der Dritten Koalition. Fast unmittelbar nach seinem Sieg unterzeichnete Napoleon den *Vertrag von Pressburg* mit den Österreichern. Das Ergebnis des Vertrages war der Austritt Österreichs aus der Dritten Koalition und seine wesentliche Kapitulation – es wurde aus dem gesamten Krieg ausgeschlossen. Es verlor auch eine Menge Territorien, die an die Franzosen übergingen. Aber die wohl wichtigste Veränderung, die sich aus dem Vertrag von Pressburg und als Folge von Austerlitz ergab, war die Auflösung des Heiligen Römischen Reiches nach jahrhundertelangem Bestehen. Es wurde durch den von Napoleon geschaffenen Rheinbund ersetzt. So groß war die Macht und der betäubende Widerhall von Napoleons unglaublichem Sieg bei Austerlitz. Durch reine Kompetenz, durch Gerissenheit und Geschick als militärischer Befehlshaber gelang es ihm, Österreich einen lähmenden Schlag zu versetzen und auch die Russen mit eingezogenem Schwanz in die Flucht zu schlagen. Obwohl der Krieg der Dritten Koalition damit im Wesentlichen beendet war, waren die Napoleonischen Kriege als Ganzes noch nicht vorbei. Das Königreich Preußen, dessen Absichten in dem europäischen Konflikt bis zu diesem Zeitpunkt ungewiss waren, begann nun, sich ernsthaft Sorgen über Napoleon und seine rasche Expansion durch Mitteleuropa zu machen. Ihr *„Eintritt in den Kampf"* führte zur Bildung einer neuen Koalition der alliierten Mächte und damit zum Krieg der Vierten Koalition im Jahr 1806.

Kapitel IV Der Krieg der Vierten Koalition

Nur wenige Monate nach dem verheerenden Zusammenbruch der Dritten Koalition durch Napoleon bildeten die sogenannten *Alliierten* Mächte – also Napoleons Feinde – die Vierte Koalition. Diesmal bestand sie aus Großbritannien, Sachsen, Schweden, Russland und Preußen. Es ist wichtig, sich daran zu erinnern, dass Napoleon nicht erpicht darauf war, den Konflikt fortzusetzen, zumindest nicht sofort. Er strebte hauptsächlich einen allgemeinen Frieden in Europa an – wohl zu seinen eigenen Bedingungen – besonders weil er immer noch zwei Hauptgegner hatte: Großbritannien und Russland. Dennoch versuchte er, Preußen „beiseite zu stellen" und es somit als möglichen Feind zu eliminieren. Um es vom Einfluss sowohl Russlands als auch Großbritanniens fernzuhalten und seinen politischen und militärischen Aufstieg unter den deutschen Staaten einzudämmen, bot er ein überstürztes und vorläufiges Bündnis an.

Allerdings waren Napoleons Feinde nicht bereit, klein beizugeben und sich dem Frieden zu fügen. Ein entscheidender Faktor stand zwischen ihnen und wurde von den Verbündeten als neuer Grund für den fortgesetzten Krieg gegen Napoleon genutzt. Und dieser Faktor war das deutsche Kurfürstentum Hannover. Da es in Personalunion mit der britischen Monarchie stand, war es aufgrund der Tatsache, dass es von Frankreich besetzt war, eine wichtige Quelle für Streitigkeiten. Anhaltende Auseinandersetzungen über diesen Punkt würden sich allmählich zum Kriegsgrund für Großbritannien und Preußen gegen Napoleon entwickeln. Auch Schweden wurde auf ihre Seite gezogen, dessen Truppen vom vorherigen Konflikt her in Hannover verblieben. Bei den zunehmenden Spannungen schien es unmöglich, einen Krieg zu verhindern, so kurz nach der Verwüstung des Krieges der Dritten Koalition.

Der Krieg der Vierten Koalition begann ungefähr im Oktober 1806 und dauerte bis Juli 1807 – weniger als ein Jahr. Dem offiziellen Kriegsbeginn gingen einige kleinere Zusammenstöße voraus, die weder auf Napoleon noch auf seine Feinde bleibenden Einfluss hatten. Tatsächlich waren Großbritannien und Frankreich während dieser gesamten Zeit nicht in direkte militärische Auseinandersetzungen verwickelt. Ihre Konflikte in dieser Zeit waren hauptsächlich wirtschaftlicher Natur.

Für Russland hingegen wurde das Jahr 1806 damit verbracht, sich von der vernichtenden Niederlage bei Austerlitz zu erholen. Nichtsdestotrotz war es immer noch ein gewaltiger Gegner für Napoleon und eines seiner größten Hindernisse. Das Russische Reich war berüchtigt für die Menge an Soldaten, die es aufbieten konnte, sowie für die Zähigkeit seiner Truppen.

Ein weiterer entscheidender Beitrag zur Bildung der Vierten Koalition war zweifellos der sogenannte Rheinbund, der im Juli 1806 von Napoleon nach seinem Triumph im Krieg der Dritten Koalition gegründet wurde. Dies war – wie der Name schon sagt – ein Zusammenschluss mehrerer deutscher Staaten des Rheinlandes und des erweiterten westlichen Deutschlands, der als entscheidende „Pufferzone" zwischen Napoleons Frankreich und dem Osten fungierte. Dies war natürlich ein Satelliten- bzw. Marionettenstaat des Französischen Kaiserreichs und führte direkt zur Auflösung des bereits ehrwürdigen Heiligen Römischen Reiches. Hier können wir einen klugen und ausgereiften Zug Napoleons beobachten – einen von vielen, die er machte. Da das Heilige Römische Reich größtenteils aus verschiedenen kleinen Staaten bestand, fasste er sie zu größeren Herzogtümern und Kurfürstentümern zusammen, um die Regierung dieses Bundes effizient und einfacher zu gestalten. Darüber hinaus waren seine beiden wichtigsten Verbündeten unter diesen deutschen Staaten Bayern und Württemberg – beide erhob er in den Status von Königreichen. Aber haben Sie keinen Zweifel – der Zweck des

Rheinbundes war fast ausschließlich militärischer Natur. Napoleon bot ihnen „Schutz", und die Staaten stellten eine beachtliche Anzahl von Hilfstruppen und wertvolle Ressourcen zur Verfügung. Der Rheinbund fungierte weitgehend als Puffer gegen Preußen – das inzwischen zunehmend missbilligend auf die französischen Aktionen und deren Ausbreitung nach Osten blickte. Die Spannungen zwischen den beiden eskalierten schließlich 1806 zu einem Kriegszustand, als die Franzosen einen prominenten deutschen Nationalisten – Johann Philipp Palm – verhafteten und kurzerhand hinrichteten. Der Mann war maßgeblich an der Veröffentlichung einer stark anti-napoleonischen Flugschrift beteiligt und griff ihn an. Daraufhin gerieten Preußen und Frankreich in einen Krieg.

Die preußische Entscheidung lag allein in den Händen seines Königs – Friedrich Wilhelm III. Er traf diese Entscheidung unabhängig von jeder anderen Großmacht, wurde aber dennoch von äußeren Elementen beeinflusst, nämlich seiner eigenen Frau – der idealisierten und einflussreichen Königin Luise – und auch der Kriegspartei in Berlin. Preußen hätte auch schon früher in den Krieg eintreten sollen, während des Krieges der Dritten Koalition, um sich mit Österreich und Russland zu verbünden. Es gab sogar erhebliche Verhandlungen zwischen dem russischen Zaren und dem preußischen König in den Jahren vor 1805, bei denen diese beiden Herrscher eine geheime Koalition gegen Napoleon bildeten. Als der Krieg jedoch ausbrach, war Preußen unentschlossen und schwankte zwischen zwei Seiten, um schließlich sehr überstürzt die Neutralität zu erklären. Hätten sie sich nicht dafür entschieden, hätte die Katastrophe von Austerlitz mit Hilfe der preußischen Armee verhindert werden können. Dies geschah jedoch nicht, und stattdessen triumphierte Napoleon.

Aber jetzt, mit der Bildung der Vierten Koalition, wurde Preußen ein wertvoller Verbündeter für die Russen – und ein gefährlicher Feind Napoleons. Eine Sache stand jedoch zwischen ihnen, und das war die schiere Entfernung: Die Russen waren noch weit entfernt, mobilisierten hastig ihre Truppen und erholten sich von ihrer vorherigen Niederlage.

Der einzige Verbündete, den die Preußen in der Nähe hatten, war auch ihr einziger deutscher Verbündeter – der Staat Sachsen. Für Napoleon schien es so töricht und unüberlegt, dass Preußen seiner *Grande Armee* nur mit Sachsen an seiner Seite gegenübertreten würde, während Russland so weit entfernt war. Währenddessen wuchs die Feindseligkeit zwischen den französischen und preußischen Soldaten stetig, mit vielen gegenseitigen Schuldzuweisungen und anschwellendem nationalistischen Stolz, was die Bühne für den kommenden Konflikt bereitete und die Männer zum Kampf aufrief. Strategisch platzierte Napoleon jedoch die große Masse seiner Truppen entlang der Grenze zu Südsachsen, als er erkannte, dass ein Konflikt unvermeidlich war. Dies war der eigentliche Kern seiner Großen Armee. Diese Truppenmasse marschierte er dann durch die riesigen fränkischen Wälder Südthüringens, im sogenannten „Bataillonsquadrat" aus drei großen parallelen Kolonnen. Mit diesen Manövern hoffte er auf einen Präventivschlag, der die preußischen Streitkräfte überraschen und ihm einen anfänglichen Vorteil verschaffen würde. Taktisch war dies ein solider Plan – jede dieser Kolonnen war in Unterstützungsdistanz zu den anderen, was eine volle Konzentration der Kräfte gegen jeden möglichen Angriff ermöglichte. Napoleon entschied sich für diese Taktik, da er zu diesem Zeitpunkt fast keine Informationen über die Positionen oder die Größe der preußischen Armee hatte.

Einmal mehr tritt Napoleons Brillanz als Stratege und Befehlshaber in den Vordergrund – er hatte keine sichere Kenntnis von den Positionen des Feindes, schaffte es aber dennoch, richtig zu erraten, dass deren Hauptmasse irgendwo in der Nähe von Erfurt konzentriert sein würde. Dieser Überzeugung folgend, erstellte er einen soliden Plan, bei dem er einen Hauptvorstoß das Saaletal hinunter machen würde und so seinen bewährten Umfassungsansatz anwenden konnte, mit dem die linke Flanke der preußischen Armee (falls sie tatsächlich dort waren, wo er glaubte) umfasst und ihre Kommunikation und Rückzugslinie abgeschnitten würden. Dies führte zur berühmten Jena-Auerstedt-Kampagne im Oktober 1806.

Die Schlachten bei Jena und Auerstedt

Bis zu diesem Zeitpunkt galt Napoleons Sieg in der Schlacht bei Austerlitz als eine seiner größten Errungenschaften. Doch bald sollte er beweisen, dass dies nur der erste einer Reihe von vielen weiteren war: Die Triumphe in den Zwillingsschlachten von Jena und Auerstedt sollten zu einigen seiner brillantesten werden.

Die ersten Zusammenstöße dieses Feldzugs begannen am 9. Oktober 1806 mit der kleineren Schlacht bei Schleiz. Es war der erste Kampf im Krieg der Vierten Koalition, bei dem die französischen Streitkräfte auf eine preußische Division unter dem Kommando von General Bogislav von Tauentzien trafen. Das Gefecht bestätigte teilweise Napoleons erste Einschätzung - die Grande Armée traf auf den linken Flügel der preußischen Armee, als sie durch die fränkischen Wälder vorrückte. Die ersten Angriffe brachten die Truppen des französischen Marschalls Drouet und des preußischen Generals von Tauentzien gegeneinander in Stellung, aber Letzterer erkannte bald, dass er zahlenmäßig weit unterlegen war, und leitete einen taktischen Rückzug ein. Die Preußen erlitten hier schwere Verluste und auch ihre erste Niederlage. Bereits am nächsten Tag brachte die Schlacht bei Saalfeld den Franzosen einen weiteren Sieg. Hier traf der französische Marschall Jean Lannes auf eine Streitmacht der Preußen unter dem Kommando des beliebten Prinzen Louis Ferdinand von Preußen, der in dieser Schlacht auf glorreiche Weise sein Leben verlor.

Am 14. Oktober trafen die Hauptelemente von Napoleons *Grande Armée* bei Jena auf eine 38.000 Mann starke preußische Streitmacht unter dem Kommando von Friedrich Ludwig, Fürst von Hohenlohe. Die Schlacht begann in den frühen Morgenstunden mit den ersten Bewegungen der französischen Armee, um die Flanken der Preußen anzugreifen. Diese Manöver ermöglichten es dem zentralen Teil von Napoleons Streitkräften, rechtzeitig in eine günstige Position zu gelangen. In den ersten Scharmützeln der Schlacht bei Jena wurde auf beiden Seiten wenig erreicht. Eine riskante Aktion von Napoleons vertrautem Marschall Michel Ney hätte sich jedoch für die Franzosen als kostspielige Niederlage erweisen können. Es geschah, als Ney schließlich das Zentrum in Position brachte. Doch anstatt auf weitere Befehle von Napoleon zu warten, ging er eigenmächtig dazu über, die zentrale preußische Linie anzugreifen. Während seine Truppen beim Angriff schnell Fortschritte machten, erkannte Ney rasch seinen Fehler, da seine Streitkräfte überdehnt waren: ein klassischer militärischer Fehler. Die Preußen erkannten diesen Fehler und umzingelten Neys Truppen schnell. Ähnlich wie die Römer in der antiken Geschichte, formierte Ney seine Truppen in Karreeformation, in der Hoffnung, alle seine Seiten zu schützen. Doch Napoleon handelte mit Besonnenheit und kluger Strategie: Um den eingekreisten Marschall Ney zu entlasten, verlegte er seine Truppen unter Marschall Lannes zu Ney. Da diese Aktion jedoch das französische Zentrum schwächte, setzte Napoleon seine vertrauenswürdige und grimmige Kaiserliche Garde ein, um das Zentrum zu halten, bis die Situation mit Ney gelöst war. Mit einer nahezu lehrbuchmäßigen „*Entlastungs*"-Operation bewies Napoleon erneut seine Anpassungsfähigkeit in der Hitze des Gefechts und die außergewöhnliche Fähigkeit, sich auf die unmittelbare Situation einzustellen. Ney und seine Truppen wurden erfolgreich gerettet und konnten sich vom Schlachtfeld zurückziehen.

Diese gesamte Situation wurde jedoch vom preußischen Kommando nie vollständig ausgenutzt: Sie reagierten langsam auf die Entwicklungen auf dem Schlachtfeld, und wenn sie es taten, waren sie ebenso langsam, entsprechend zu handeln. Dies führte letztendlich zu ihrem Scheitern. Die Langsamkeit einiger preußischer Stellungen führte zu erbitterten Kämpfen, wodurch die Männer der Artillerie ausgesetzt waren, ohne eine effektive Möglichkeit, sich zu wehren.

Um 13 Uhr erkannte Napoleon die mangelnde Entschlossenheit seines Gegners und ergriff daher die Initiative in der Schlacht, indem er seinen siegbringenden Zug machte. Er befahl sowohl seinen Flanken als auch seinem Zentrum, die Angriffe auf die Preußen hart zu forcieren, in der Hoffnung, sie zu brechen und ihren Kern einzukreisen. Es war ein erfolgreicher Zug, bei dem die preußischen Flanken unter dem Druck nachgaben und ihre Truppen in einem allgemeinen Rückzug massenweise vom Schlachtfeld flohen. Hohenlohes Truppen erlitten schwere Verluste, selbst als sie flohen. Es war ein weiterer fantastischer Sieg für die Franzosen.

Zur gleichen Zeit bahnte sich eine Schlacht bei Auerstedt, nicht weit von Jena entfernt, an. Während die Schlacht bei Jena im Gange war, wurden Marschall Davout und General Bernadotte aufgefordert, ihre Truppen nach Süden zu verlegen, um Napoleon zu unterstützen. Davout nahm die Route über Eckartsberga, während Bernadotte den Weg über Dornburg einschlug. Der Weg des Ersteren wurde jedoch von der preußischen Hauptarmee blockiert, angeführt vom preußischen König selbst. An seiner Seite waren auch der berühmte Herzog von Braunschweig und die preußischen Feldmarschälle von Kalckreuth und von Möllendorf. Die Bühne war bereitet für ein weiteres entscheidendes Gefecht - so nah an Napoleon bei Jena. Glücklicherweise war Davout ein geschickter Befehlshaber, und die Truppen unter seinem Kommando waren ebenso erfahren und abgehärtet. Als Marschall Davout die Situation erfasste und die Größe der preußischen Streitmacht erkannte, befahl er seinem General Gudin und dessen Division, sich in der Nähe des Dorfes Hassenhausen zu postieren. Feldmarschall von Schmettau wurde gegen ihn eingesetzt, und seine Truppen machten sich schnell daran, Hassenhausen anzugreifen. Gudin geriet dann in eine schwierige Lage, besonders nach der Ankunft von Blücher und seinen Kavallerietruppen. Dies drängte ihn nach einem heftigen Zusammenstoß aus dem Dorf. Gegen 8:30 Uhr trafen auch die preußischen Truppen unter dem Herzog von Braunschweig ein und wurden auf dem linken (Infanterie) und dem rechten Flügel (Kavallerie) positioniert. Um 9 Uhr jedoch setzte die französische Kavallerie links von Gudins Stellungen ein, und eine halbe

Stunde später war auch die französische Artillerie rechts von Gudin in Stellung. Dies bildete die Aufstellung für die Schlacht bei Auerstedt. Die französischen Truppen - in schützenden Karreeformationen aufgestellt - zwangen die preußische Kavallerie bald zum Rückzug und rückten dabei weiter vor. Kurz darauf ging es für die Preußen schief. Als sie drei ihrer Kavallerieregimenter fliehen sahen, zog sich auch die preußische Infanterie zurück. Um 10 Uhr wurde die Situation verzweifelt, und der Herzog von Braunschweig suchte verzweifelt nach einer Lösung. Er befahl einen Vollangriff, aber vergebens. Er selbst wurde von einer Musketenkugel getroffen und verlor beide Augen, sodass er vom Schlachtfeld getragen werden musste. Er starb etwa einen Monat später. Sein Stellvertreter war Karl von Schmettau, der ebenfalls tödlich verwundet wurde. Dieser Mangel an Führung verursachte einen großen Zusammenbruch im preußischen Kommando. Auf der anderen Seite konnte der erfahrene Marschall Davout um 11 Uhr erkennen, dass die Preußen am Rande des Zusammenbruchs schwankten, und befahl prompt einen Gegenangriff. Nur eine Stunde später war die preußische Armee in Trümmern, ihr Zentrum gebrochen und auf dem Rückzug, ihre Kavallerie dezimiert und die Moral niedrig. Der preußische König erkannte somit die Situation und befahl einen vollständigen Rückzug.

Obwohl zahlenmäßig stark unterlegen, gelang es Davouts erfahrenen Männern und Offizieren, den Tag zu gewinnen und den Sieg bei Jena-Auerstedt entscheidend zu besiegeln. Napoleon hatte dem III. Korps, das Davout befehligte, viel zu verdanken. Diese Einheit war eine der besten in seinen Diensten und erlangte zwischen den Jahren 1805 und 1809 Berühmtheit, indem sie wiederholt zahlreiche Siege errang und sich einen Ruf für Zähigkeit und militärische Stärke erwarb. Napoleon nannte sie liebevoll „*Meine Zehnte Legion*", in Anlehnung an die römische *Legio X Gemina* unter dem Kommando von Julius Caesar. Allerdings erlitten beide Seiten bei Auerstedt schwere Verluste.

Davouts meisterhafte Führung bei Auerstedt und der unglaubliche Sieg, den er dort errang, kamen für Napoleon überraschend. Immerhin gelang es nur dem einzelnen III. Korps, die zahlenmäßig weit überlegene preußische Hauptstreitmacht zu besiegen, was allgemein auf Unglauben stieß. Als Napoleon zum ersten Mal von diesem Sieg hörte, antwortete er berühmterweise: „Ihr Marschall [Davout] muss doppelt sehen!" Dies bezog sich auf die bekannte Sehschwäche Davouts. Als jedoch feststand, dass Davout einen großen Sieg errungen hatte, überhäufte Napoleon ihn mit Lob und Ehren und ernannte ihn zum Herzog von Auerstedt. Alles wohlverdient.

Der Sieg bei Jena-Auerstedt war jedoch nicht das Ende. Marschall Joachim Murat setzte die Verfolgung der Preußen mit seinen Kavallerieeinheiten fort, und Letztere waren keineswegs in der Lage, nennenswerten Widerstand zu leisten, zumal ihre beiden Hauptkommandeure tödlich verwundet waren. Diese Verfolgung führte zur Kapitulation von Erfurt am 16. Oktober, zwei Tage nach der Schlacht, bei der eine große Zahl preußischer Truppen vor Murat kapitulierte. Dennoch waren die Preußen noch nicht aus dem Spiel. Mit dem baldigen Fall ihrer Hauptstadt Berlin sah es jedoch nicht gut aus. Napoleon gewährte dem gefeierten Marschall Davout das Privileg, als Erster in Berlin einzumarschieren, was er am 25. Oktober mit seinem III. Korps tat. Drei Tage später fing Joachim Murat eine preußische Streitmacht unter dem Kommando von Hohenlohe in der Schlacht bei Prenzlau ab, woraufhin Letzterer vor den Franzosen kapitulierte. Napoleon setzte seine Verfolgung der preußischen Überreste fort, und die Tage nach Jena-Auerstedt waren von zahlreichen preußischen Niederlagen und Kapitulationen geprägt, insbesondere bei Anklam am 1. November und Wismar am 5. November. Eine letzte preußische Streitmacht blieb jedoch im Feld, und das war die 21.000 Mann starke Armee unter dem Kommando von Generalfeldmarschall Gebhard von Blücher. Er wurde unermüdlich von den Marschällen Murat, Bernadotte und Soult quer durchs Land verfolgt.

Auf der verzweifelten Suche nach einer Lösung für seine Lage zog von Blücher in die neutrale Stadt Lübeck ein, die eine Schlüsselstadt der Hanse war. Er befestigte sie umgehend und hoffte, sich auf ihre Schiffe für seine Flucht verlassen zu können. Bernadotte machte ihm jedoch einen Strich durch die Rechnung, als die Franzosen die Stadt umzingelten und die preußische Streitmacht in der *Schlacht von Lübeck* am 6. und 7. November vernichteten.

Die Schlacht war ein riskantes Unternehmen der Franzosen, aber dennoch erfolgreich. Von Blücher ergab sich dem französischen Marschall, nachdem er die Aussichtslosigkeit seiner Lage erkannt hatte. Die Preußen erlitten etwa 3000 Verluste, und viele weitere gerieten in Gefangenschaft. Dies beendete faktisch den preußischen Widerstand und schaltete sie aus dem Krieg aus.

Napoleons Meisterschaft im Feld und seine kühle Befehlsgewalt in der Hitze des Gefechts waren die entscheidenden Faktoren seiner Siege. Es ist wichtig zu beachten, dass Napoleon zur Zeit der Schlacht bei Jena über eine Streitmacht von etwa 116.000 Mann verfügte - aber er setzte nur ungefähr 40.000 ein. Ein Historiker brachte dies sorgfältig in Perspektive:

„Napoleon wusste bei Jena nichts von der Hauptaktion, die an diesem Tag stattfand; hatte zwei seiner Korps völlig vergessen; gab einem dritten und möglicherweise einem vierten keine Befehle; wurde von der Aktion eines fünften überrascht; und zu allem Überfluss zeigte einer seiner wichtigsten Untergebenen eine Art von Ungehorsam, die einen gewöhnlichen Sterblichen vor ein Erschießungskommando gebracht hätte. Trotz all dieser Führungsfehler errang Napoleon wahrscheinlich den größten einzelnen Triumph seiner Karriere." Das entscheidende Detail dieses gesamten Konflikts, das wir berücksichtigen müssen, ist die einfache Tatsache, dass Napoleon nur 19 Tage brauchte, um Preußen im Wesentlichen aus dem Krieg zu werfen, nachdem er in ihr Territorium eingedrungen war. Dies zeugt einmal mehr von der Schnelligkeit seiner Kriegsführung und der Expertise seiner erfahrenen Truppen. Und natürlich gereicht es den Preußen zur Schande, die den Konflikt in so kurzer Zeit - und so endgültig - verloren. Was von ihren Armeen übrig blieb, floh nach Ostpreußen, wo sie sich mit der heranrückenden russischen Armee verbinden würden. Sachsen hingegen wählte den einfachen Ausweg - es verbündete sich mit Napoleon, wurde zum Königreich erhoben und trat in die Pufferzone des Rheinbundes ein.

Ein weiteres entscheidendes Ergebnis dieses Feldzugs war der Erlass des Berliner Dekrets durch Napoleon. Dies war seine Art, das Kontinentalsystem in die Tat umzusetzen - eine speziell entwickelte Außenpolitik, die als Antwort auf die britische Seeblockade dienen sollte. Es war ein Schlüsselelement des wirtschaftlichen Kampfes zwischen den beiden Mächten und diente als groß angelegtes Embargo gegen britische Waren und Handel. Die britischen Exporte nach Kontinentaleuropa sanken zwischen 1802 und 1806 um die Hälfte. Das Dekret verschärfte dies weiter, indem es die Einfuhr britischer Waren in alle mit Frankreich verbündeten oder von ihm abhängigen europäischen Länder verbot. Das Dekret ging so weit, die Postverbindungen mit Großbritannien zu kappen. Dennoch schadete die Kontinentalblockade der britischen Wirtschaft wenig, da der Handel durch ausgedehnte Schmugglernetzwerke fortgesetzt wurde. Darüber hinaus wurden die Volkswirtschaften Frankreichs und vieler seiner verbündeten Nationen durch das System beeinträchtigt, da sie einen wichtigen Handelspartner verloren. Später in den Napoleonischen Kriegen würde das Kontinentalsystem tatsächlich als schwächender Faktor für Napoleons Koalition wirken - seine wichtigsten Verbündeten wurden zunehmend über die Verluste verärgert, die es brachte, und gewannen einen Anreiz, es gänzlich zu ignorieren.

Die Niederlage der Preußen bedeutete jedoch nicht, dass der Krieg der Vierten Koalition vorbei war. Die Russen mussten noch bekämpft werden. Ende 1806 und in den ersten Wochen des Jahres 1807 rückte Napoleon in Polen ein und schuf das sogenannte Herzogtum Warschau, einen weiteren Klientenstaat des französischen Kaiserreichs. Daraufhin erhielten die Russen den Anreiz für eine Offensive nach Ostpreußen. Napoleon marschierte ebenfalls los, um dem Feind zu begegnen, und wandte sich nach Nordosten, in der Hoffnung, Königsberg, die „neue Hauptstadt" der Preußen, zu erobern und auch der russischen Bedrohung zu begegnen. In den Wintertagen Ende Januar 1807 begann die russische Armee unter dem Kommando von Levin von Bennigsen ihre Offensive und machte schnelle Fortschritte nach Westen.

Napoleon reagierte mit einer Gegenoffensive, mit dem Ziel, die russischen Rückzugslinien nach Osten abzuschneiden. In einer Wendung der Ereignisse gelang es jedoch den wagemutigen russischen Kosakentruppen, eine Kopie von Napoleons Befehlen zu erbeuten und seine Absichten zu erkennen. Das russische Kommando zog sich umgehend nach Norden zurück, um nicht abgeschnitten und eingekesselt zu werden, und Napoleon verfolgte sie. Einige Tage später stießen die französischen Streitkräfte auf die Russen, die sich in der Nähe der Stadt Preußisch Eylau (damals gemeinhin als Eylau bekannt), etwa 37 Kilometer von Königsberg entfernt, auf eine Schlacht vorbereitet hatten. Der folgende Zusammenstoß wurde zur Schlacht bei Eylau. Eylau dauerte vom 7. bis 8. Februar 1807 und war weitgehend eine unentschiedene Schlacht, die die erste große Prüfung für die französische Armee darstellte und Napoleons Ruf der Unbesiegbarkeit auf die Probe stellte. Die Schlacht war auch eine der blutigsten sowohl im Krieg der Vierten Koalition als auch in den Napoleonischen Kriegen insgesamt.

Dem Ereignis gingen mehrere Tage komplexer Manöver und kleinerer Zusammenstöße voraus, da der russische Befehlshaber

Bennigsen versuchte, den Großteil seiner Armee umzupositionieren, um die Franzosen zu überraschen. Die Schlacht eskalierte schließlich in und um die Stadt Eylau, mit einigen der heftigsten und brutalsten Kämpfe, die bis zu diesem Zeitpunkt zu sehen waren. Am Abend des ersten Tages gelang es den Franzosen, die kleine Stadt einzunehmen, wobei beide Seiten katastrophale Verluste erlitten. Die Kämpfe am folgenden Tag waren jedoch in vielerlei Hinsicht noch erbitterter. Napoleon versuchte einen gewagten und riskanten Frontalangriff, der unter großen Verlusten scheiterte. Um diesen Fehler zu beheben, startete Napoleon einen massiven Kavallerieangriff gegen die russischen Linien. Der sogenannte „Kavallerieangriff bei Eylau" wurde zu einem der größten Kavallerieattacken der Militärgeschichte. Aber es war in vielerlei Hinsicht auch ein blutiger und barbarischer Kampf. Der Angriff ermöglichte es der französischen rechten Flanke, sich zu positionieren und in den Kampf einzugreifen, was die russische Armee an den Rand des Zusammenbruchs brachte. Letztere wurde jedoch durch ein neu eintreffendes preußisches Korps gerettet, das die französische rechte Flanke ernsthaft bedrohte. Dennoch entschied sich der russische General Bennigsen für den Rückzug, als am späten Abend ein weiteres französisches Korps an der linken Flanke auftauchte. Die Schlacht war weder gewonnen noch verloren. Alles, was Napoleon bei Eylau gewann, war eine schneebedeckte Fläche – ein vernarbtes Schlachtfeld, übersät mit Blut und Leichen. Marschall Ney stellte berühmt fest, dass es „ein Massaker ohne jegliches Ergebnis" war und strategisch eine ergebnislose Schlacht. Beide Seiten erlitten weit über 20.000 Verluste.

Es ist wichtig zu beachten, dass die Schlacht von Eylau im Rahmen dieses Buches nicht effektiv zusammengefasst werden kann. Sie ist zweifellos eines der komplexesten Gefechte in den Napoleonischen Kriegen und wurde durch meisterhafte strategische Manöver und komplizierte Operationen auf dem Feld definiert.

Dennoch gelang es Napoleon, sich mit dem Einzug des Frühlings zu rehabilitieren. Nach dem Massaker, das die Schlacht von Eylau war, verbrachten die französischen Streitkräfte den Rest des Winters mit der Erholung. Als sich das Wetter jedoch wieder zum Frühling wandte, befahl Napoleon erneut einen allgemeinen Vorstoß. Er erfuhr anschließend, dass die Russen ihr Lager in der Stadt Heilsberg aufgeschlagen hatten, und nahm fälschlicherweise an, dass es sich lediglich um die Nachhut handelte. In der kleineren Schlacht von Heilsberg erfuhr Napoleon, dass es nicht die Nachhut war, die er vorfand, sondern die gesamte russische Armee, die gut über 50.000 Mann zählte – gut verschanzt. Seine wiederholten Angriffe scheiterten daran, die Russen zu bewegen und verursachten hohe Verluste, führten aber schließlich dazu, dass die Russen die Stadt aufgaben. Napoleon verfolgte sie natürlich und stieß erneut auf ihre Lager bei Friedland. Hier beging der russische Befehlshaber Bennigsen einen schweren Fehler und schätzte die französischen Streitkräfte, die er sichtete, falsch ein, indem er sich entschied, das anzugreifen, was er für ihre bloße Flanke hielt. Indem er seine gesamte Streitmacht über den Fluss Alle bewegte, um diese Kräfte anzugreifen, beging er einen schweren Fehler. Den Franzosen gelang es, gegen die Russen standzuhalten, während Napoleon den Rest seiner Streitkräfte in den Kampf brachte. Mit seiner erkennbaren Entschlossenheit startete Napoleon einen massiven, konzentrierten Angriff und durchbrach die russischen Verteidigungslinien, wobei er sie gegen den Fluss drängte. Die Russen brachen zusammen und begannen einen panischen Rückzug, bei dem viele Männer ertranken.

Friedland war ein weiterer entscheidender Sieg für Napoleon und eine strategische Notwendigkeit nach dem ergebnislosen Blutvergießen bei Eylau. Seine Verluste hier beliefen sich auf knapp 10.000 Mann, aber die Russen erlitten ein weit schlimmeres Schicksal und erlitten katastrophale Verluste von nahezu 40.000 Mann – 40 % ihrer Soldaten auf dem Schlachtfeld.

Darüber hinaus wurde der russische Zar nach der Niederlage bei Friedland umgehend davon überzeugt, dass Frieden nötig war – und zwar schnell. Und dieser Frieden war der Vertrag von Tilsit – sehr zu Napoleons Vorteil. Dies brachte im Wesentlichen das Ende des Krieges der Vierten Koalition und bescherte Napoleon nicht nur einen weiteren Sieg, sondern auch viele territoriale Gewinne: Preußen verlor fast die Hälfte seiner Gebiete, und Russland trat dem bereits erwähnten Kontinentalsystem bei. Die gewonnenen preußischen Länder wurden in einen weiteren Klientelstaat des französischen Kaiserreichs umgewandelt, das Königreich Westfalen – was die absolute französische Vorherrschaft in Europa sicherte und Napoleons Imperium zu seiner größten Ausdehnung brachte.

Kapitel V Der Spanische Unabhängigkeitskrieg, 1808-1814

Gerade als Napoleons Triumphe gegen die Preußen und Russen ihren Höhepunkt erreichten und die Vierte Koalition zu ihrem Ende brachten, entwickelten sich die Ereignisse auf der Iberischen Halbinsel in atemberaubendem Tempo und drohten, in einen völlig neuen Konflikt überzuschwappen. In Wahrheit waren sowohl Spanien als auch Portugal tief gespaltene Nationen, eingehüllt in Aufruhr und einen Zusammenprall der Generationen und Mentalitäten, der alles andere als harmlos war. Und diese tiefe Spaltung sollte sich zu einem der größten und längsten Konflikte innerhalb der Napoleonischen Kriege entwickeln. Dieser Konflikt würde als Spanischer Unabhängigkeitskrieg bekannt werden und von Mai 1808 bis April 1814 dauern.

Nach seinen erfolgreichen Feldzügen in Preußen und einem gesicherten Vertrag mit den Russen richtete Napoleon seinen Blick auf Portugal. In Wahrheit ärgerte es ihn: Portugal trieb immer noch aktiv Handel mit Großbritannien und war zudem dessen ältester Verbündeter in Europa. Dieses Bündnis wurde bereits 1386 geschlossen und besteht bis heute als eines der ältesten formellen Bündnisse der Welt. Für Napoleon war diese Freundschaft jedoch alles andere als akzeptabel. Großbritannien hatte nicht nur einen Stützpunkt auf dem europäischen Festland, sondern war auch stark auf Portugals Häfen in Lissabon sowie seine brasilianischen Kolonien angewiesen. Napoleon verlor weiter die Geduld, als der portugiesische Regent, Prinz Johann von Braganza, es ablehnte, Portugal in das Kontinentalsystem einzugliedern, um den britischen Handel und die britische Wirtschaft zu blockieren. All dies gab Napoleon reichlich

Vorwände und Gründe, Portugal zu seinem neuen Feind in Europa zu machen. Auch Spanien wurde für die französische Seite zunehmend zum Dorn im Auge. Zu Beginn der Napoleonischen Kriege war Spanien ein treuer Verbündeter Napoleons. Nach der vernichtenden Niederlage bei Trafalgar jedoch, bei der der Großteil ihrer Flotte zerstört wurde, begannen die Spanier, an der Bedeutung dieses Bündnisses zu zweifeln und fanden keine triftigen Gründe mehr für dessen Fortbestand. Die Spannungen verschärften sich zu Beginn des Krieges der Vierten Koalition, als Spaniens Erster Staatssekretär Godoy eine schroffe Proklamation gegen Frankreich erließ. Napoleons Misstrauen wuchs, und er wusste, dass Spanien bestenfalls zu einem wankenden Verbündeten geworden war. Er wusste, dass er sich auch damit auseinandersetzen müsste.

Mitte bis Ende 1807 begannen sich Ereignisse zu entfalten, die niemand aufhalten konnte. Napoleon machte im Juli desselben Jahres seinen Zug gegen Portugal, indem er seinen Außenminister Charles de Talleyrand anwies, Portugal zu befehlen, Großbritannien den Krieg zu erklären. Darüber hinaus sollte es seine Häfen für alle britischen Schiffe schließen, britische Waren beschlagnahmen und alle britischen Untertanen festhalten. Es versteht sich von selbst, dass Napoleon wusste, dass die Portugiesen diese Bedingungen nicht akzeptieren würden, und begann, seine Truppen in Bayonne im Südwesten Frankreichs zu konzentrieren. Als die portugiesische Regierung die Einhaltung verweigerte, hatte Napoleon alle Gründe, die er für eine Invasion brauchte. Seine Armeen wurden von General Junot befehligt, der den Befehl erhielt, in das spanische Reich einzumarschieren und von dort aus zur portugiesischen Hauptstadt Lissabon zu marschieren. Junot wurde von seinem Kaiser angewiesen, sich zu beeilen - eine britische Intervention in Portugal war durchaus möglich. Lissabon wurde somit am 30. November 1807 von den Franzosen besetzt.

Nach der französischen Invasion floh die portugiesische Königsfamilie in völliger Unordnung. Der Prinzregent versammelte seine Familie, die Adeligen des königlichen Hofes, seinen Schatz und wichtige Papiere und schiffte sich hastig auf einer kleinen Flotte ein, um nach Brasilien zu segeln. Seine Flucht war so überstürzt und von Angst getrieben, dass ein Großteil seiner Güter an den Docks zurückgelassen wurde. Mit der vollendeten französischen Besatzung ging es darum, die Bevölkerung zu unterwerfen. Während die Behörden die neue Herrschaft akzeptierten, tat dies das einfache Volk nicht, und in der Bevölkerung wuchs der Groll. Die Franzosen führten hohe Steuern ein, was auf breiten Widerstand stieß. Anfang 1808 wurden Zivilisten hingerichtet, als sie Widerstand zu leisten versuchten. Und Napoleon wusste, dass sich ein so weit verbreiteter Unmut schnell in eine bewaffnete und gefährliche Rebellion verwandeln kann.

Die Dinge auf der Iberischen Halbinsel entwickelten sich 1808 schnell. Anfang Februar überquerten die französischen Divisionen die Grenze nach Spanien und besetzten hastig Katalonien und Navarra mit ihren strategisch wichtigen Festungen in Barcelona und Pamplona. Daraus entstand viel Verwirrung - da die beiden noch verbündet waren und die französischen Truppen kamen, ihre Märsche ankündigten und ihre Fahnen schwenkten. Als keine glaubwürdigen Erklärungen gegeben wurden, reagierte Staatssekretär Godoy, indem er alle spanischen Truppen aus Portugal abzog und die Franzosen auf sich allein gestellt ließ. Am 20. Februar ernannte Napoleon jedoch seinen vertrauten Marschall Joachim Murat zum Befehlshaber aller französischen Truppen in Spanien. Diese Truppen waren als Spanienarmee bekannt und zählten zwischen 60.000 und 100.000 Mann. Die Lage eskalierte weiter, als die Bevölkerung von Madrid gegen die französische Besatzung aufbegehrte. Marschall Murat reagierte mit dem Einsatz seiner schweren, elitären Kavallerie der Kaiserlichen Garde, die den Aufstand auf brutale Weise niederschlug und die Aufständischen niedertrampelte. Am folgenden Tag wurden

Hunderte von Madrider Bürgern als Vergeltungsmaßnahme von französischen Erschießungskommandos erschossen. Tagelang folgten in anderen spanischen Städten Erschießungen und Hinrichtungen. Damit begann Spaniens *Guerilla*, ein erbitterter Kampf gegen die französische Besatzung und all jene, die sie unterstützten.

Ende Mai brachen in zahlreichen großen spanischen Städten gewalttätige Aufstände aus: Saragossa, Valencia, Murcia. Die Provinz Asturien erklärte dem Französischen Reich am 25. Mai den Krieg, und alle anderen Provinzen Spaniens folgten rasch ihrem Beispiel. Als Portugal die stolze spanische Reaktion sah, fühlte es sich inspiriert und revoltierte im Juni desselben Jahres ebenfalls vollständig. Napoleon hatte seinen Krieg auf der Iberischen Halbinsel.

Der Spanische Unabhängigkeitskrieg erwies sich als ein langwieriger und komplizierter Konflikt mit zahlreichen Höhen und Tiefen und komplizierten politischen Entwicklungen. Ihn zusammenzufassen ist sicherlich eine Herausforderung, und ihn im Detail darzustellen, könnte leicht ein eigenes Buch erfordern. Er war von zahlreichen Schlachten geprägt, von denen viele eine Herausforderung für Napoleon darstellten. Einige der ersten Schlachten gegen die Spanier waren zwei kleinere Gefechte bei *El Bruc* gegen die katalanische irreguläre Miliz. Diese Anfangsphasen des Konflikts waren von Pattsituationen und französischen Misserfolgen geprägt. Mehr noch, die französische Armee erlitt ihre erste Niederlage in einer Landschlacht in den Napoleonischen Kriegen - sie kapitulierte in der Schlacht von Bailén. Weitere Misserfolge waren die erfolglose Erstürmung von Girona, der gescheiterte Angriff auf Saragossa und Valencia sowie die Massenopfer unter unerfahrenen französischen Rekruten.

Die französische Dominanz wurde nach der Niederlage bei Bailén endlich erschüttert, was die Gesamtheit ihres Scheiterns auf der Iberischen Halbinsel markierte. Napoleon, der in diesen ersten Monaten fast 24.000 Truppen verlor, erlebte diesmal die Bitterkeit des

Scheiterns in vollem Umfang, als seine militärische Macht in Spanien zum Stillstand kam. Im August zog sich die französische Armee in sicherere Stellungen hinter den Ebro zurück - jene historische Grenze. Parallel zu den Entwicklungen im Spanischen Unabhängigkeitskrieg brach 1809 der Krieg der Fünften Koalition aus, der nach der Niederlage bei Bailén in Gang gesetzt wurde. Über diesen Krieg werden wir ausführlich berichten.

Es ist jedoch wichtig zu beachten, dass der Peninsularkrieg vielleicht die erste ernsthafte britische Beteiligung zu Lande in den Napoleonischen Kriegen war. An der Seite ihres alten Verbündeten Portugal stehend, begannen die Briten einen langwierigen Feldzug, um endlich einen Fuß aufs Festland zu setzen, ihre militärische Macht zu sichern und den Versuch zu unternehmen, Spanien und Portugal von Napoleon zu befreien. Sir Arthur Wellesley, Generalleutnant der britischen Armee, war der erste, der in Portugal an der Spitze von 15.000 erfahrenen Soldaten landete. Er sollte zwei erste Siege erringen, bei Roliça am 17. August und gegen Junot bei Vimeiro.

In der Zwischenzeit war Napoleon in höchster Alarmbereitschaft. Nach Bailén und dem Verlust Portugals zählte seine *Armée d'Espagne* (Armee von Spanien) etwa 279.000 Mann, die jenseits des Ebro in Sicherheit waren. Ihnen gegenüber standen etwa 88.000 spanische Soldaten. Diese Truppen waren jedoch größtenteils unerfahrene Rekruten, denen es an beträchtlicher Organisation mangelte. Napoleon nutzte dies Ende 1808 aus und verließ sich auf seine Umfassungstaktik, um die spanischen Verteidigungsstellungen bei Tudela, Espinosa, Burgos und Somosierra zu besiegen und Madrid bis zum 1. Dezember zurückzuerobern. Der größte Teil des frühen bis mittleren Jahres 1809 war somit von ständigen Kämpfen geprägt, mit Fortschritten und Rückschlägen auf beiden Seiten. Die Franzosen errangen zunächst eine Reihe von Siegen, wurden jedoch an einigen Stellen geschlagen und zu hastigen Rückzügen gezwungen. Dieser Krieg hatte verheerende Auswirkungen auf Spanien (und auch

Portugal), das gründlich geplündert und in seinen Grundfesten erschüttert wurde. Seine Kirche lag in Trümmern, und die Gesellschaft befand sich in einem Zustand des Aufruhrs. Selbst nach dem Ende des Peninsularkriegs war Spanien gespalten, und seine beiden zerstrittenen Parteien stürzten sich in die Karlistenkriege. Insgesamt hinterließen diese Jahre des Konflikts eine unauslöschliche Spur in der spanischen Geschichte und blieben als eine der schlimmsten Perioden in Erinnerung, die das Land je erlebt hat. In mancher Hinsicht war es sogar schlimmer als der zermürbende Spanische Bürgerkrieg des 20. Jahrhunderts.

Um 1810 entstand die Cortes von Cádiz als eine neu konstituierte Nationalregierung, oder besser gesagt, eine Exilregierung, und verschanzte sich im Hafen von Cádiz. Die vereinten anglo-portugiesischen Streitkräfte sicherten schließlich ganz Portugal, und es wurde ihr „sicherer Hafen" und ein Sprungbrett für Operationen gegen die Franzosen. Sir Arthur Wellesley, später zum Herzog von Wellington ernannt, spielte eine entscheidende Rolle beim Schutz Portugals und bei der Reform der demoralisierten portugiesischen Armee. Dies war der Schlüsselfaktor, der den Peninsularkrieg bis 1814 in die Länge zog, und die Jahre des Konflikts waren von relativer Pattsituation und der Unfähigkeit der Franzosen gekennzeichnet, in Spanien nennenswerte Fortschritte zu erzielen.

Die anglo-portugiesische Armee nutzte Napoleons Invasion Russlands 1812 aus, indem sie unter dem Kommando von Wellesley tief nach Spanien vorstieß und den Franzosen bei Salamanca eine schwere Niederlage zufügte und ein weiteres Mal Madrid, die Hauptstadt, zurückeroberte. Dies wurde 1813 durch den beeindruckenden Sieg des Herzogs von Wellington über die Armee von Joseph Bonaparte in der Schlacht von Vitoria am 21. Juni 1813 noch verstärkt, die zwar hohe Verluste forderte, aber Wellingtons Namen als eine der großen Bedrohungen für die Franzosen festigte. Zu diesem Zeitpunkt war das französische Kaiserreich nicht mehr so stark wie 1808, und schließlich zog sich Marschall Soult ohne ausreichende Unterstützung im Winter 1813/1814 über die Pyrenäen aus Spanien zurück.

Man kann mit Sicherheit sagen, dass der Peninsularkrieg jener winzige Wassertropfen war, der den Stein, der Napoleon war, aushöhlte. Es war der Konflikt, den das französische Kaiserreich nicht brauchte und der in gewisser Weise zu seinem Untergang beitrug. Neben der gescheiterten Invasion Russlands war der Peninsularkrieg die nächste katastrophale Episode für Napoleon, die ihn am Ende teuer zu stehen kommen sollte. Spanien erwies sich als völlig anders als alles in Nordosteuropa, und die französische Große Armee sollte dies am eigenen Leib erfahren. Am Ende war sie schwer erschöpft und überstrapaziert. Ein entscheidender Katalysator für ihr Scheitern war die spanische *Guerilla*-Kriegsführung. Wo die Franzosen in großen Schlachten und strategischer Meisterschaft glänzten, brillierten die Spanier im intermittierenden Krieg, in Überfällen, Hinterhalten und Schikanen. Und das war etwas, woran die französischen Marschälle nicht gewöhnt waren. Eine solche Kriegsführung demoralisierte die französischen Truppen stark, aber noch wichtiger war, dass sie die Ressourcen der französischen Armee stetig aufzehrte. Am Ende erkannte Napoleon, dass die Provokation eines Krieges mit Portugal sich als katastrophaler Fehler erwiesen hatte und dass Spanien für seine Niederlage entscheidend sein würde.

Der Peninsularkrieg war jedoch vielleicht eine „hässliche Notwendigkeit" für Spanien, um seine internen Konflikte und Spaltungen zu lösen. Genauso wie in den Jahren vor dem Zweiten Weltkrieg, als der Spanische Bürgerkrieg diese Nation lähmte, war der Peninsularkrieg gleichermaßen ein Katalysator, um Reformen voranzutreiben. 1812 wurde die spanische Verfassung eingeführt, die später zum entscheidenden Teil des europäischen Liberalismus werden sollte. Dennoch führten die enorme Belastung sowohl für Portugal als auch für Spanien und die durch den Krieg verursachten Verwüstungen zu mehreren Jahren wirtschaftlicher Stagnation, sozialer Unruhen und massiver politischer Instabilität. Bürgerkriege sollten bis 1850 andauern, lange nachdem Napoleon Bonaparte gestorben war. Aber vielleicht noch wichtiger war, dass die Krise und der Aufruhr, die aus dem Peninsularkrieg resultierten, zu Revolutionen und Unabhängigkeitskämpfen in weiten Teilen Südamerikas führten, durch die jahrhundertelange spanische Herrschaft schließlich beendet wurde.

Es war Krieg – Krieg überall.

Kapitel VI Krieg der Fünften Koalition, April-Oktober 1809

Seit ihrer brutalen Niederlage in der Schlacht bei Austerlitz suchten die Österreicher nach einer Möglichkeit, sich an den Franzosen zu rächen und die nach dem Frieden von Pressburg verlorenen Gebiete zurückzugewinnen. Auf der Suche nach einem Katalysator für eine erneute Konfrontation erkannten sie, dass der sich entwickelnde Spanische Unabhängigkeitskrieg gegen Frankreich ausgenutzt werden könnte. Dies wurde besonders nach der französischen Niederlage bei Bailén deutlich, als Napoleons Ruf erschüttert wurde. Dennoch konnte Österreich Frankreich niemals allein herausfordern - es brauchte dringend Verbündete. Aber sein Verbündeter aus den vorherigen Kriegen, Russland, befand sich nun in einem wackligen Frieden mit Napoleon, seit dem Vertrag von Tilsit. Auch Schweden konnte nicht auf seiner Seite eintreten, da es in einen Konflikt mit Russland verwickelt war, besonders als es um Finnland ging. Ein möglicher Verbündeter schien das geschwächte Preußen zu sein, wobei einige seiner Vertreter Österreich helfen wollten. Diese Hoffnungen wurden jedoch bald durch die Konvention vom September 1808 zunichte gemacht. Dennoch entschieden sich die Österreicher schließlich für den Krieg, ermutigt durch das britische Engagement auf der Iberischen Halbinsel und den Verlauf des dortigen Krieges. Am 8. Februar 1809 jubelten die österreichischen Kriegsbefürworter, als sich die kaiserliche Regierung für den Krieg entschied.

Aber eine Sache, die für die Österreicher besser hätte sein können, war der Zustand ihrer Armee. Nach der vernichtenden Niederlage bei Austerlitz deutete alles darauf hin, dass ihre Armee dringend reformiert werden musste. Nachdem sie so viele erfahrene Offiziere und Veteranen sowie reguläre Truppen verloren hatten, war es einfach nicht möglich, diese Reihen auf die übliche Weise wieder aufzufüllen. Daher verließen sie sich auf die *französische* Methode der Konskription, die sogenannte *Levée en masse*, die auf massenhafte nationale Einberufungen setzte. Dies führte dazu, dass der Großteil ihrer Armee im Krieg der Fünften Koalition unerfahren war und eine angemessene Ausbildung vermissen ließ. Seltsamerweise war dies eine komplette Umkehrung der Rollen aus dem vorherigen Krieg - jetzt waren es die Franzosen, die die massenhafte nationale Konskription aufgaben und sich stattdessen auf eine reguläre Armee mit erfahrenen Soldaten verließen. Das bedeutete, dass die Österreicher in diesem neuen Konflikt gegen Napoleon eine Armee aus unerfahrenen Rekruten gegen die kampferprobten Veteranen der Franzosen ins Feld schicken würden. Das kann man wohl als schlechte Idee bezeichnen.

Erzherzog Karl, der Sohn des österreichischen Kaisers, war die Schlüsselfigur für die Österreicher in diesem Krieg. Bei der Diskussion über den Ansatz, mit dem man Napoleon begegnen sollte, kam es zu ersten Meinungsverschiedenheiten zwischen Karl und dem Hofkriegsrat. Was Erzherzog Karl vorschwebte, war ein logischer Ansatz: einen Hauptvorstoß aus Richtung Böhmen zu unternehmen und darauf abzuzielen, die französischen Truppen, die im Norden Deutschlands stationiert waren, zu isolieren und so schnell über den Ausgang des Krieges zu entscheiden. Und da bereits ein guter Teil der österreichischen Armee dort war, schien dies ein natürlicher Weg zu sein. Der Hofkriegsrat wollte jedoch einen anderen Ansatz: Wenn Karls Plan angenommen würde, befürchteten sie, dass die Donau zu einer kritischen Trennung der österreichischen Streitkräfte werden würde. Sie präsentierten einen Plan, einen Angriff südlich der Donau zu starten und so sichere Kommunikations- und Nachschublinien mit Wien zu gewährleisten. Und dies war der Plan, der am Ende gewählt wurde. Napoleon hingegen fehlten wichtige Informationen über die Österreicher. Als letztere ihm den Krieg erklärten, kehrte er gerade frisch nach Paris zurück. Er hatte den Winter 1808-1809 in Spanien verbracht und musste sich nun den Österreichern stellen. Er erkannte, dass dieser neue Konflikt eine zweite Front für das französische Kaiserreich eröffnete, mit der er schnell fertig werden musste. Er hatte einige grobe Vorstellungen von den österreichischen Operationen und wies seinen Hauptfeldkommandanten in Deutschland, Berthier, an, Truppenverlegungen durchzuführen, um auf die neue Front zu reagieren. Napoleon verließ sich erneut auf seine Strategie von 1805, indem er das Donautal zum Schwerpunkt seiner Operationen machte, ohne nennenswerte Kenntnisse über die österreichischen Vorbereitungen zu haben. All dies trug zu ziemlich schlechten Aufstellungen der französischen Armee in den frühen Stadien des Krieges der Fünften Koalition bei. Aber dennoch bedeutete die Tatsache, dass der Konflikt die unerfahrenen Rekruten der Österreicher gegen die kampferprobten Veteranen Napoleons stellte, dass letzterer immer noch die Oberhand hatte, auch wenn ihm die situative Aufklärung fehlte. Dies machte den Krieg zu einer der kürzesten Episoden der Napoleonischen Kriege, die nur etwa 6 Monate dauerte. Aber dennoch war es der letzte Konflikt, aus dem Napoleon als entscheidender und triumphaler Sieger hervorging.

Die ersten Gefechte des Krieges begannen am 10. April 1809, als die österreichische Armee den ersten Zug machte, indem sie den Inn überquerte, um in Frankreichs Verbündeten Bayern einzumarschieren. Obwohl die schlechten Bedingungen den österreichischen Vormarsch verlangsamten, zogen sich die Bayern dennoch zurück. Diese Anfangsphase wurde von den Franzosen nicht angemessen beantwortet. Napoleon schätzte die Österreicher falsch ein und erwartete ihren Angriff eine Woche später, als er tatsächlich erfolgte. Diese Tatsache ließ Marschall Berthier das Kommando. Letzterer war jedoch nicht in der Lage, mit der Situation angemessen umzugehen, vor allem aufgrund seiner mangelnden Erfahrung als Feldkommandant. Darüber hinaus verzögerten sich eine Reihe von Befehlen und Nachrichten aus Paris. Als sie bei Berthier ankamen, wurden sie größtenteils falsch interpretiert. All dies brachte die französische Große Armee in Deutschland in eine ungünstige Position, wobei die beiden Hauptflügel durch eine 120 Kilometer große Lücke getrennt waren. Am 16. April nutzten die Österreicher die dünnen bayerischen Linien aus und besiegten sie bei Landshut, wodurch sie einen günstigen Übergang über die Isar sicherten. Dies verursachte große Frustration bei Napoleon. Er traf am nächsten Tag prompt aus Paris ein und war außer sich vor Wut. Währenddessen war Erzherzog Karl über den erfolgreichen Kriegsbeginn hocherfreut. Als nächstes plante er, eine doppelte Zangenbewegung zu nutzen, um die Armeen von Marschall Davout und Lefebvre zu besiegen.

Als Napoleon sah, dass die Österreicher bereits über den kritischen Punkt - die Isar - hinaus waren, befahl er wütend, dass seine gesamten Truppen innerhalb von 48 Stunden jenseits der Ilm in schützender Viereckformation aufgestellt werden sollten. Allerdings machte er eine weitere Fehleinschätzung - wo er dachte, dass die Österreicher nur ein einziges Korps auf dem Weg zu Davout in Regensburg hätten, hatten sie in Wirklichkeit ganze fünf Korps, insgesamt fast 80.000 Mann. Dies war eine Situation mit möglicherweise katastrophalen Folgen, und Napoleons linke Flanke hätte zerstört werden können. Glücklicherweise ahnte Marschall Davout als erfahrener Kommandeur die Probleme voraus und zog seine Truppen aus Regensburg ab, wo Berthier ihn fälschlicherweise platziert hatte. Immer noch das kampferprobte III. Korps kommandierend, stieß Davout auf österreichische Vorhutformationen, als er in Richtung Neustadt zog. Die Österreicher reagierten langsam und wurden von Davout leicht zurückgeschlagen.

Die komplexen Manöver und Umgruppierungen, die folgten, als Erzherzog Karl versuchte, einem geschickten südlichen Manöver Napoleons entgegenzuwirken, führten schließlich zur ersten großen Schlacht des Fünften Koalitionskrieges, der Schlacht bei Aspern-Essling am 21. Mai. Und diese Schlacht sollte für Napoleon und seine Marschälle zum ernüchternden Weckruf werden. Die

stand, aber die linke wurde fast zerstört. Währenddessen gab Bernadotte im Laufe der Nacht einen schockierenden Befehl, indem er seine Truppen aus der entscheidenden französischen Position im zentralen Dorf Aderklaa abzog. Damit gefährdete er die französischen Stellungen in der Schlacht erheblich. Als Napoleon davon erfuhr, war er rasend vor Wut und schickte sofort zwei Divisionen und Kavallerieunterstützung, um diese Position zurückzuerobern. Aderklaa wechselte zweimal den Besitzer, wobei es zu hohen Verlusten an Menschenleben kam.

Die Schlacht bei Wagram entwickelte sich zu einem erbitterten, langwierigen Gefecht, in dem wiederholte Vorstöße der Franzosen unter einem Hagel tödlicher Kanonensalven zurückgeschlagen wurden. Als es jedoch nach einer Großoffensive endlich drei französischen Divisionen gelang, in die österreichischen Linien einzudringen, erkannte Erzherzog Karl, dass seine Stellungen kurz vor dem Zusammenbruch standen. Er ordnete daher einen vollständigen Rückzug aus der Schlacht an und überließ Napoleon den Sieg. Der Sieg war jedoch teuer erkauft - beide Seiten hatten jeweils fast 40.000 Verluste zu beklagen: ein katastrophaler Verlust an Menschenleben.

Bald nach Wagram endete die Fünfte Koalition effektiv, und ihr Krieg war erneut ein Sieg für Napoleon. Erzherzog Karl unterzeichnete kurz nach der Schlacht einen Waffenstillstand, obwohl seine Armee nicht völlig dezimiert war. Die Folge des Krieges war die Unterzeichnung des Vertrags von Schönbrunn am 14. Oktober 1809, der eine schwere diplomatische Niederlage für die Österreicher darstellte. Sie mussten einen Großteil ihrer Gebiete an die Franzosen abtreten und wurden dadurch als Macht immens geschwächt. Durch diese territorialen Verluste verlor Österreich auch etwa drei Millionen seiner Untertanen, die in Napoleons Hände übergingen.

Kapitel VII Krieg von 1812

Wenn wir die Napoleonischen Kriege als breitere historische Periode betrachten, ist es unvermeidlich, dass wir schließlich auf zahlreiche Konflikte stoßen werden, die sich aus dieser kritisch turbulenten Zeit in der Weltgeschichte verzweigt haben. Während der *Krieg von 1812* von amerikanischen Historikern als ein von den Napoleonischen Kriegen weitgehend getrennter Konflikt betrachtet wird, sehen britische und europäische Historiker ihn als integralen Bestandteil davon. Die Napoleonischen Kriege waren zweifellos ein *globaler* Konflikt, und ihre Auswirkungen erreichten viele Ecken der Welt. Die Vereinigten Staaten waren einer dieser Schauplätze.

Die Vereinigten Staaten von Amerika erlangten 1776 ihre Unabhängigkeit – relativ kurz vor Beginn der Napoleonischen Kriege. Allerdings verbrachte die junge Nation einen Großteil ihrer frühen Geschichte im Kriegszustand, sogar bevor die Unabhängigkeit erreicht wurde. Der nordamerikanische Kontinent war noch immer ein Land voller indigener Stämme, und Konflikte entstanden bei jedem Schritt. Doch der Krieg von 1812 war der erste ernsthafte Konflikt für diese junge Nation und brachte sie wirklich auf die große Weltbühne. Dieser Konflikt stellte sie gegen die Briten und wurde im amerikanischen Nordosten, Mittleren Westen und Südosten sowie in ganz Kanada und der Region der Großen Seen ausgetragen. Tatsächlich sollte Kanada – damals unter britischer Herrschaft – zum zentralen Schlachtfeld dieses Krieges werden.

Der Vorläufer des Krieges von 1812 war zweifellos der größere napoleonische Konflikt. Seit seinem Beginn befanden sich Napoleon und die Briten in einem erbitterten wirtschaftlichen Duell und versuchten, einander durch Einschränkung des internationalen Handels zu lähmen. Dies wurde durch das französische Kontinentalsystem noch verschlimmert. Die Vereinigten Staaten waren eine bedeutende Einnahmequelle für alle europäischen

Nationen und ein wichtiger Handelspartner. Mit dem zwischen Frankreich und Großbritannien tobenden Konflikt gerieten die Vereinigten Staaten jedoch in eine ausweglose Situation: Sie konnten nicht effektiv mit einer dieser beiden Großmächte Handel treiben, ohne zu riskieren, sie zu verärgern. So gerieten sie in eine zunehmende wirtschaftliche Depression. Auf der Suche nach einer Lösung bestritten die Staaten die britischen Seeblockaden als illegal nach internationalem Recht. Ein weiterer Grund für Zwietracht zwischen diesen beiden Mächten waren die zwölf „Orders in Council", die das britische Parlament zwischen 1783 und 1812 erließ. Diese Anordnungen erklärten, dass jedes Handelsschiff, das für französische Häfen bestimmt war, durchsucht und beschlagnahmt werden konnte. Großbritannien ignorierte auch die amerikanische Neutralitätserklärung in den Napoleonischen Kriegen und missachtete sie praktisch als unabhängige Nation. Darüber hinaus gab es viele Spannungen zwischen den Amerikanern und den Briten: Letztere lieferten weiterhin Waffen an die amerikanischen Ureinwohner, sehr zum Ärger der Grenzsiedler, und es gab auch mehrere Zwischenfälle auf See, die Konflikte provozierten. Nach langen Debatten im amerikanischen Kongress, mit vielen Befürwortern des Krieges, unterzeichnete der damalige Präsident James Madison am 18. Juni 1812 die Kriegserklärung. Die Erklärung wurde weitgehend von den sogenannten „Kriegsfalken" im amerikanischen Kongress angestiftet und war die erste formelle Kriegserklärung in der Geschichte dieser Nation. Mit den noch frischen Erinnerungen an die Amerikanische Revolution begrüßten viele Amerikaner diese Kriegserklärung als den „Zweiten Unabhängigkeitskrieg".

Nach der Erklärung folgte ein interessanter Faktor. Die Briten entschieden sich, die Handelsbeschränkungen aufzuheben, noch bevor sie vom Krieg erfuhren. Da die formelle Kriegserklärung per Schiff von Nordamerika nach Großbritannien reisen musste – eine Reise, die fast eineinhalb Monate dauerte – erreichte sie Großbritannien lange nachdem die Handelsbeschränkungen aufgehoben worden waren. Trotz der daraus resultierenden Verwirrung ging der Krieg dennoch weiter. Nun war es ein Kampf der Wahrscheinlichkeiten: Die schlecht ausgebildete amerikanische Armee stellte knapp 7.000 Mann, verglichen mit der erfahrenen und gut ausgebildeten britischen Armee, die weltweit mehr als 240.000 Soldaten zählte. Ihre Flotte war ebenfalls kleiner im Vergleich zur britischen Royal Navy. Dennoch gab es die große Wasserfläche, die die beiden Nationen trennte, und die Amerikaner wollten die Briten schnell an den Verhandlungstisch bringen. Dies planten sie durch eine Invasion Kanadas und die Eroberung seiner Schlüsselgebiete zu erreichen. Damals war Kanada noch ein Land voller Wildnis und reich an Ressourcen. Die Eroberung dieser Gebiete könnte ein großer Schlag für die Briten sein. Allerdings endete die Invasion Kanadas in einem Misserfolg. Die Amerikaner verloren ihre Schlachten bei der Belagerung von Detroit und der kostspieligen Schlacht von Queenston Heights am Niagara-Fluss, während sie gleichzeitig Überfälle und Massaker von mit den Briten verbündeten Ureinwohnerstämmen erleiden mussten. 1813 erzielten die Amerikaner einige Erfolge – die Schlacht am Eriesee wurde gewonnen, was ihnen ermöglichte, Detroit einzunehmen und die von Tecumseh angeführte Konföderation der Ureinwohner zu besiegen.

Aber auf See schnitten die Amerikaner etwas besser ab. Obwohl die britische Royal Navy durch die Errichtung einer teilweisen Seeblockade entlang der gesamten Atlantikküste eine partielle Dominanz aufrechterhielt, gelang es den zahlenmäßig unterlegenen amerikanischen Schiffen, einige entscheidende Zusammenstöße und Schlachten zu gewinnen. Während des gesamten Krieges von 1812 gelang es der amerikanischen Marine, den Briten auf See die Stirn zu bieten.

1813 ereignete sich ein Schlüsselereignis, bekannt als das *River-Raisin-Massaker*. Nach der Schlacht von Frenchtown, in der zahlenmäßig unterlegene und unerfahrene Kentucky-Rekruten gegen eine größere Streitmacht von Briten und ihren verbündeten Potawatomi-Ureinwohnern kämpften, entschieden sich erstere zur Kapitulation. Die Briten versicherten ihnen ihre Sicherheit, aber die Ureinwohner massakrierten später eine große Anzahl von Verwundeten und Nachzüglern. Das Massaker löste in ganz Amerika große Wut aus, besonders in Kentucky, wo viele Rekruten sich freiwillig zum Krieg meldeten, um Rache zu üben.

In der zweiten Hälfte des Jahres 1813 scheiterten die Amerikaner erneut daran, Montreal einzunehmen und in Kanada Fuß zu fassen, nachdem sie zwei Niederlagen erlitten hatten, in der Schlacht von Chateauguay und der Schlacht von Crysler's Farm.

Ein bedeutender Sieg ereignete sich jedoch im September 1813, als der amerikanische Marinekommandant Oliver Hazard Perry einen wichtigen Sieg am Eriesee errang.

Ende 1813 brach unter den Creek-Stämmen der Ureinwohner ein Konflikt aus. Sie verfielen in einen offenen Krieg zwischen gegnerischen Fraktionen: Einige wollten ihre traditionelle Lebensweise beibehalten, beeinflusst vom verstorbenen Anführer Tecumseh, während andere die Kultur der Amerikaner übernehmen wollten. Diejenigen, die sich der modernen Lebensweise widersetzten, wurden als „Red Sticks"-Fraktion bekannt und begannen zunehmend, amerikanische Außenposten und Forts anzugreifen. Im Winter 1813-1814 würde Andrew Jackson eine entscheidende Milizstreitmacht organisieren, die die *Red Sticks* in der wichtigen Schlacht am Horseshoe Bend 1814 besiegen würde, was den Konflikt mit den Creek-Indianern effektiv beendete. Dieser Sieg führte zum äußerst wichtigen Vertrag von Fort Jackson, durch den die Creek-Indianer gezwungen wurden, etwa 23 *Millionen* Hektar Land abzutreten – alles Gebiete, die schließlich zu Teilen von Georgia und Alabama werden sollten.

Neue Veränderungen begannen sich auch 1814 abzuzeichnen - der einflussreiche Brigadegeneral Winfield Scott begann, einen neuen Plan der *strengen Ausbildung* für alle amerikanischen Truppen an der kanadischen Grenze umzusetzen. Es waren genau diese Truppen, die in Oberkanada vorrückten und im Juli desselben Jahres in der Schlacht von Chippawa einen entscheidenden Sieg erringen konnten. Allerdings erlitten sie Wochen später in der Schlacht von Lundy's Lane eine Niederlage.

Zur Zeit von Napoleons erster Verbannung und dem kurzfristigen Frieden in Europa konnten die Briten mehr Truppen und Ressourcen nach Nordamerika umleiten. Dies veränderte den bisherigen Verlauf des Krieges erheblich und setzte die Amerikaner unter großen Druck. In dieser Zeit sagte der Finanzminister Albert Gallatin den berühmten Satz: *„Von nun an müssen wir kämpfen, nicht für ‚Freihandel und die Rechte der Seeleute‘, auch nicht für die Eroberung Kanadas – sondern für unsere eigene nationale Existenz."*

Im August 1814 entsandten die Briten eine Expeditionsstreitmacht von etwa 4.500 erfahrenen Veteranen unter dem Kommando von General Robert Ross. Sie landeten in Maryland und begannen sofort ihre erstaunlich schnelle Kampagne. Sie besiegten umgehend die Maryland-Miliz in der Schlacht von Bladensburg und eroberten und verbrannten daraufhin öffentliche Einrichtungen in Washington DC, einschließlich des Weißen Hauses und des Kapitols. Dies war ein enormer demoralisierender Schlag für die Amerikaner.

Robert Ross, ein erfahrener Veteran-Kommandeur des europäischen Kriegsschauplatzes, ging dazu über, Baltimore anzugreifen, allerdings ohne Erfolg. Die Maryland-Miliz konnte während der Schlacht von North Point ihre Stellung halten. Ross wurde bei diesen Scharmützeln erschossen und getötet.

Dennoch wurde am 24. Dezember 1814 der Vertrag von Gent – ein bilateraler Friedensvertrag – zwischen Amerika und Großbritannien unterzeichnet, der Frieden brachte. Die Nachricht von diesem Frieden brauchte jedoch erneut lange, um über das Wasser zu reisen, was zur Schlacht von New Orleans am 8. Januar 1815 führte, bei der Andrew Jackson einen entscheidenden Sieg für die Amerikaner errang – unwissend über das Friedensabkommen. Glücklicherweise wurde der Frieden am 18. Februar 1815 offiziell von Präsident Madison verkündet, was den Krieg von 1812 zu einem lang ersehnten Ende brachte. Es wurde allgemein gesagt, dass die Vereinigten Staaten von Amerika diesen Friedensvertrag nicht mit einem „Triumphschrei", sondern mit einem „Seufzer der Erleichterung" begrüßten. Der Krieg von 1812 forderte 15.000 amerikanische Leben, damals ein großer Verlust für diese noch junge Nation.

Die Bedingungen im Vertrag von Gent waren der sogenannte *Status quo antebellum*: eine Rückkehr zum Zustand vor dem Krieg. Alles Land wurde an seine ursprünglichen Besitzer zurückgegeben. Somit endete der Krieg von 1812 unentschieden und war in vielerlei Hinsicht ein *sinnloser* Verlust an Leben und Ressourcen. Dennoch hoben die Briten ihre Handelsbeschränkungen und Zwangsrekrutierungspraktiken auf und stellten auch die Versorgung der indianischen Stämme mit Waffen und Schießpulver ein. Dieser letzte Punkt war ein großer Schlag für die indianischen Stämme. Viele von ihnen kämpften im Krieg auf britischer Seite in der Hoffnung auf die Anerkennung einer indianischen Nation in Nordamerika. Dies wurde jedoch von den Briten umgehend abgelehnt, und das indianische Opfer war vergebens. Mehr noch, ohne die von den Briten gelieferten Waffen und Gelder hatten die indianischen Stämme keine Chance, ihre Gebiete zu verteidigen oder die neuen amerikanischen Siedler zu überfallen. Dies führte zu einer verstärkten amerikanischen Expansion und dem raschen Schwinden der Indianer.

Nach dem Krieg von 1812 erlebte die amerikanische Gesellschaft einige Jahre allgemeinen Wohlstands. Der Weltfrieden förderte eine rasche wirtschaftliche Erholung, und die Politik der Vereinigten Staaten entwickelte sich weiter. Nur wenige Jahrzehnte später wird der Amerikanische Bürgerkrieg den Kontinent jedoch erneut in einen bitteren und grausamen Krieg stürzen.

Kapitel VIII Französische Invasion in Russland,

Juni-Dezember 1812

Während 1812 der Krieg über die Meere begann, flammte er auch in Europa wieder auf. Obwohl ein Großteil West- und Mitteleuropas – sowohl direkt als auch indirekt – unter der Flagge von Napoleons riesigem französischen Imperium stand, gab es immer noch eine große Bedrohung für all seine Besitztümer: *Russland*. Der Peninsularkrieg auf der Iberischen Halbinsel war bereits übergeschwappt und hatte sich bis 1812 zu einem komplexen und kostspieligen Konflikt für Frankreich entwickelt. Tatsächlich wurde er zu einem Dorn in Napoleons Auge, der die französische Wirtschaft, die Moral seiner Truppen und die schwankende politische Unterstützung in seinem Reich stark belastete. Dies war ein fast geheimer Aspekt: Das französische Imperium schien 1811 auf dem Höhepunkt seiner Macht zu sein, doch das war in Wirklichkeit nur eine Fassade – es befand sich in einem stetigen Niedergang. Napoleon selbst wurde bis 1812 übergewichtig und neigte zu verschiedenen Schmerzen und Beschwerden. Und der Konflikt mit Russland sollte zu einer der größten Prüfungen in Napoleons Leben werden.

Einer der Hauptauslöser für diesen Konflikt war der Vertrag von Schönbrunn, über den wir bereits geschrieben haben. Es war der Vertrag, der nach dem Ende des letzten großen Konflikts zwischen Österreich und Frankreich im Jahr 1800 geschlossen wurde. Dieser Vertrag enthielt eine besondere Klausel: Er löste das Gebiet *Westgalizien* von Österreich ab und gliederte es dem Großherzogtum Warschau an, dem von Napoleon geschaffenen französischen Klientenstaat. Es ist wichtig zu betonen, dass Polen und die benachbarten Regionen der heutigen Ukraine stets ein Streitpunkt zwischen Russland und den westeuropäischen Mächten, vor allem

Polen, waren. Dasselbe geschah in diesem Fall, da der russische Kaiser dieses annektierte Gebiet als günstige Position für künftige Invasionen in Russland betrachtete. Tatsächlich war seine Lage so beschaffen, dass es die Grenzen des Russischen Reiches bedrohte. So machte sich das russische Oberkommando 1811 daran, einen strategischen Plan für einen möglichen Angriffskrieg zu entwickeln, bei dem sie Warschau und Danzig angreifen würden.

Ein weiterer Auslöser für den Krieg war Russlands Rückzug aus Napoleons fehlerhaftem Kontinentalsystem. Sie stellten fest, dass ihre Wirtschaft dadurch immens verlor, da Russland ein an Rohstoffen unglaublich reiches Land war, aber nur über begrenzte Produktionsmöglichkeiten verfügte und daher stark von Export und Import abhing. Als sie beschlossen, sich aus Napoleons System zurückzuziehen, verschärften sich die Spannungen noch weiter und gaben Frankreich den Anreiz, in den Krieg zu ziehen. Wieder einmal spielte die Wirtschaft eine entscheidende Rolle bei der Anzettelung des Krieges. Durch den Angriff auf Russland – und hoffentlich dessen Niederlage – hoffte Napoleon, den russischen Zaren zu zwingen, seinen Handel mit Großbritannien einzustellen und Frieden zu schließen. Als die Russen nach der Situation in Polen begannen, Truppen an ihren Grenzen zusammenzuziehen, fragte Napoleon den russischen Botschafter in Wien, Fürst Alexander Kurakin, berühmt: *„Was soll das bedeuten? Was will Russland von mir? Sie wissen, es ist leicht, einen Krieg anzufangen, aber sehr schwierig, ihn zu beenden."*

Bevor der Krieg ausbrach, unternahm Napoleon einen Versuch, die Unterstützung des polnischen Volkes zu gewinnen, indem er sich auf dessen jahrzehntealte Spannungen mit den Russen verließ. So nannte er den Krieg mit Russland den „Zweiten Polnischen Krieg" und bezog sich damit auf den sogenannten Ersten Polnischen Krieg, eine andere Bezeichnung für den Krieg der Vierten Koalition von 1806-08. Es war das, was die polnischen Patrioten hören wollten: Ihr Wunsch war es, den russischen Teil Polens zurückzuerobern und die Wiedererrichtung eines unabhängigen Polens zu erleben. Napoleon wusste jedoch, dass dies nie geschehen würde – Österreich war zugesichert worden, dass die Idee eines unabhängigen Polens nie Wirklichkeit werden würde.

Nach einer längeren Zeit der logistischen Vorbereitungen begann Napoleon schließlich seinen Feldzug zur Invasion Russlands und zur Verwirklichung seiner Pläne. Er wollte die russische Armee – oder den Großteil davon – irgendwo an der Grenze in der Nähe oder in der Stadt Smolensk in die Falle locken und vernichten. Danach beabsichtigte er, die beiden strategischen Städte Smolensk und Minsk zu befestigen, dort sein Winterquartier aufzuschlagen und bis zum Frühjahr zu warten, um dann entweder den Krieg fortzusetzen oder Frieden zu schließen. Für seinen „Russlandfeldzug" stellte Napoleon die bis dahin größte Armee in der europäischen Geschichte auf: eine Streitmacht von etwa 685.000 Mann. Ihnen gegenüber stand eine kleinere – aber nicht weniger gewaltige – Streitmacht von etwa 488.000 russischen Soldaten.

Vor Beginn seines Feldzugs ignorierte Napoleon die wiederholten Warnungen vor der Invasion, und am 24. Juni 1812 begann sie schließlich mit der Überquerung des Flusses Njemen durch die französische Große Armee. Kurz vor Beginn schickte Napoleon ein letztes Friedensangebot nach St. Petersburg, erhielt aber keine Antwort. Von diesem Zeitpunkt an sollte Geschichte geschrieben werden, und Napoleon wusste das, als er den berühmten Satz sagte: „Möge sich das Schicksal erfüllen". Sein anfänglicher Fortschritt war rasant – durch eine Reihe langer und gut organisierter Märsche bewegte sich seine Grande Armée schnell durch Russland. Unterwegs gewannen die Franzosen mehrere kleinere Scharmützel und Schlachten, bis es Mitte August 1812 zur ersten großen Auseinandersetzung kam – der Schlacht von Smolensk. Diese Schlacht endete mit einem entscheidenden französischen Sieg und ließ die Stadt Smolensk fast vollständig niedergebrannt zurück. Dies entsprach nicht Napoleons Plan, da es ihm eine strategische Nachschubbasis verweigerte, die er als Winterquartier nutzen wollte. In der Zwischenzeit befand sich die russische Armee fast drei ganze Monate lang auf einem ständigen Rückzug ins Landesinnere und wandte eine Taktik der „verbrannten Erde" an, um Napoleon die benötigten Vorräte zu verweigern und enorme logistische Probleme zu verursachen. Ganze Städte, Dörfer und riesige Getreidefelder wurden von mobilen *Kosakenkavallerieeinheiten* niedergebrannt, wodurch Napoleon die Möglichkeit genommen wurde, vom Land zu leben.

Diese russische Taktik stieß jedoch in den Reihen des russischen Adels nicht auf Akzeptanz. Letzterer war von seinen riesigen Ländereien abhängig. Zu dieser Zeit gab es in Russland viele adlige Fürsten und Grafen, die alle auf ein System der *Leibeigenschaft* angewiesen waren und Bauern, Dörfer und Land besaßen. Mit der Taktik der verbrannten Erde verärgerte der Oberbefehlshaber der russischen Armee, Feldmarschall Barclay de Tolly, sie sehr. Schließlich übten die Adligen Druck auf Kaiser Alexander aus, Tolly seines Amtes zu entheben, und er ersetzte ihn durch den alten, aber fähigen Veteranenkommandanten Fürst Michail Kutusow. Auch Kutusow setzte den Rückzug nach der Niederlage bei Smolensk fort, aber als sich beide Armeen Moskau näherten, entschied er sich für den Kampf, anstatt die Stadt den Franzosen zu überlassen. So bezog er etwa 120 Kilometer vor Moskau in der Nähe von *Borodino* Verteidigungsstellungen.

Die Schlacht von Borodino begann am 7. September 1812, als die französische Armee die Russen einholte. Es sollte eine der blutigsten und grausamsten Eintageschlachten der Napoleonischen Kriege und der Militärgeschichte insgesamt werden. An der Schlacht waren etwa 250.000 Mann beteiligt, und sie forderte an nur einem einzigen Kampftag 68.000 Todesopfer. Borodino wurde vom großen Schriftsteller Leo Tolstoi in seinem Werk „Krieg und Frieden" detailliert verewigt. Dieses entscheidende Gefecht war ein Wendepunkt des Feldzugs und sah die französische Armee die halbbefestigten Stellungen der Russen unter Kutusow angreifen. Die Schlacht war berüchtigt für ihre Grausamkeit und ein allgemeines Scharmützel, das zu einem chaotischen Gemetzel Mann gegen Mann wurde. Napoleon gelang es schließlich, die zentralen Teile des Schlachtfeldes zu sichern, insbesondere die sogenannten „Bagration-Flechen", in denen der berühmte russische General Pjotr Bagration sein Leben verlor. Doch selbst nach dem Sieg gelang es Napoleon nicht, die russische Armee wie geplant zu vernichten. Letztere konnte ihre Truppen auf eigenem Territorium leicht auffüllen, während Napoleon dazu nicht in der Lage war.

Borodino war in vielerlei Hinsicht einzigartig. Es war eine der grausamsten aller napoleonischen Schlachten und forderte als solche einen hohen Tribut von den Truppen auf dem Feld. Die Schlacht endete mit einem *taktischen* Sieg der Franzosen und sah die Russen sich unter weiterem Widerstand zurückziehen. Napoleon verfolgte sie jedoch nicht wie zuvor. Viele Historiker argumentieren, dass Napoleon bei Borodino einen einzigen entscheidenden Fehler machte, der ihn letztendlich den Feldzug kostete: Er weigerte sich, seine schwere Kaiserliche Garde in die Schlacht zu schicken, die in Position blieb und während des gesamten Kampfes nicht eingesetzt wurde. Mit ihr hätte er den Verlauf der Schlacht jederzeit wenden können. Er glaubte, dass die Schlacht ohne den Einsatz der Kaiserlichen Garde entschieden werden könnte, die seine wertvollste Einheit war. Wäre sie eingesetzt worden, wäre sie stark geschwächt worden. Alle seine wichtigen Marschälle rieten ihm dazu, einschließlich Rapp, Ney und Murat – aber er weigerte sich trotzdem. So wurde die russische Armee, obwohl er gewann, nicht zerstört und konnte in Kampfstärke fliehen.

Am nächsten Tag war die russische Armee praktisch halbiert, und Kutusow zog sich hinter Moskau zurück, wobei er die Stadt vollständig evakuierte. Dennoch wurden die russischen Streitkräfte durch massive Rekrutierungen und Verstärkungen stetig wieder aufgefüllt. Die Nachhuten der russischen Armee lieferten Napoleon unmittelbar nach

Borodino weiterhin Gefechte und behinderten seinen Vormarsch, während sich der russische Rückzug nach Süden statt nach Osten wendete. Diese Nachhutgefechte wurden von dem serbisch-russischen General Michail Miloradowitsch geleitet, einer der prominentesten Figuren dieser Zeit. Durch anhaltende Verzögerungsaktionen ermöglichte er eine vollständige Evakuierung Moskaus, bevor er sich schließlich um den 14. September zurückzog. An genau diesem Tag erreichte Napoleon mit seiner Armee die russische Hauptstadt Moskau. Zu seiner Überraschung war jedoch niemand da, um sich zu ergeben oder Widerstand zu leisten. Was er vorfand, war eine völlig verlassene Stadt. Moskaus Gouverneur, Graf Rostoptschin, hatte die Stadt von allen Wertsachen und Vorräten entblößt und auch die Öffnung der Stadtgefängnisse angeordnet. Die wenigen, die in der Stadt geblieben waren – einschließlich der Gefangenen – griffen zum Plündern und Verbrennen dessen, was noch übrig war. In der ersten Nacht der französischen Besetzung Moskaus brach im Basar ein Feuer aus und breitete sich bald in der ganzen Stadt aus. Moskau hatte damals überwiegend Holzgebäude, und schon bald waren etwa vier Fünftel der gesamten Stadt zu Asche reduziert. Dies war eine vorsätzliche Handlung von Graf Rostoptschin, der Befehle hinterlassen hatte, die Stadt in Brand zu setzen. Alle Bemühungen der Franzosen, die Brände einzudämmen, waren vergeblich.

Angesichts der Zerstörung Moskaus und der Erkenntnis, dass die Russen sich nicht ergeben würden, befand sich Napoleon in einer schwierigen Lage. Seine Vorräte waren knapp, seine Truppen untätig und der Winter nahte stetig. Er hatte keine andere Wahl, als sich zurückzuziehen, und verließ Moskau Mitte Oktober 1812.

Er unternahm einen weiteren Versuch, die Russen in der Schlacht von Malojaroslawez zu stellen, konnte sie aber nicht vernichten und wurde schließlich auf die Straße nach Smolensk zurückgedrängt, von der er gekommen war. In den vergangenen Jahren hatten Napoleon und seine Grande Armée die Angewohnheit entwickelt, sich für ihre

Versorgung auf das Land zu verlassen, was in Mitteleuropa mit seiner entwickelten Landwirtschaft und seinem Straßennetz umso leichter war. Da die Russen jedoch ihre Ernten verbrannten, blieb den Franzosen nichts als verbrannte Erde. In den folgenden Wochen, als sich die französische Armee im Griff eines besonders harten Winters zurückzog, wurde sie zu einem wankenden Skelett des Riesen reduziert, der nur wenige Monate zuvor in Russland einmarschiert war. Nachschub war unmöglich, es mangelte an Nahrung und auch an Winterkleidung. Die Pferde hatten weder Futter noch Gras zum Grasen und wurden von den hungernden französischen Truppen nach und nach als Nahrung getötet. Dies zerstörte die stolze französische Kavallerie, die zu bloßen Fußsoldaten reduziert wurde. Mehr noch, ohne die Pferde mussten die Franzosen ihre Kanonen und Wagen zurücklassen. Hunger und beißende Kälte führten zu Unterkühlung, Tod und Krankheiten, und viele französische Soldaten desertierten – nur um von russischen Bauern getötet zu werden. Darüber hinaus belästigte die Kosakenkavallerie ständig die französische Nachhut und fügte weitere Verluste zu. Alles in allem war der französische Rückzug aus Russland eine absolute und völlige Katastrophe und eine der größten Prüfungen bis zu diesem Zeitpunkt. Mehr französische Soldaten starben durch Selbstmord, Krankheit, Kälte und Hunger als in allen Schlachten des Feldzuges zusammen. Diese Katastrophe gipfelte in der Schlacht an der Beresina, als zwei russische Armeen über die zerlumpten Überreste der Grande Armée herfielen, als diese versuchte, über die Flussübergänge zu fliehen. Es war das finale Massaker an den Franzosen – sie verließen schließlich Mitte Dezember 1812 russischen Boden und beendeten damit diesen katastrophalen Feldzug.

Der gescheiterte Russlandfeldzug kostete Napoleon teuer. Die Verluste beliefen sich auf etwa 200.000 Tote und fast 190.000 Gefangene, was seine Armee um mehr als die Hälfte dezimierte. Der Feldzug wurde zu einer der tödlichsten und kostspieligsten militärischen Operationen der Weltgeschichte. Ähnliche Fehler sollten viele, viele Jahrzehnte später wiederholt werden, als Hitler den Einmarsch in Russland versuchte und fast das identische Schicksal wie Napoleon erlitt. Napoleons Ruf war, um es vorsichtig auszudrücken, bis ins Mark erschüttert, wenn nicht gar zerstört. Die französische Vorherrschaft in Europa wurde auf die Probe gestellt und erheblich geschwächt. Als solcher war das Scheitern dieses Feldzugs der entscheidende Auslöser für eine große Verschiebung in der europäischen Politik und im Verlauf der Napoleonischen Kriege. In der Hoffnung, den geschwächten Napoleon auszunutzen, brachen sowohl Preußen als auch Österreich ihre *aufgezwungenen* Bündnisse und wechselten die Seiten, was den Beginn des Krieges der Sechsten Koalition einläutete.

Kapitel IX Krieg der Sechsten Koalition, März 1813 - Mai 1814

Sowohl Napoleon als auch seine Feinde hatten nur wenig Zeit, sich von den Verheerungen des Winterfeldzugs zu erholen und ihre Truppen zu verstärken. Für die Franzosen war es zweifellos eine weitaus größere Herausforderung, da ihre Reihen in diesem katastrophalen Unterfangen so stark dezimiert worden waren. Doch Napoleons Gegner verschwendeten keine Zeit, und schon bald formierte sich eine neue, die Sechste Koalition gegen Frankreich. Sie war entschlossen, Napoleons Untergang herbeizuführen, doch er war fest entschlossen, nicht kampflos aufzugeben. Es gelang ihm, seine Truppenstärke in überraschend kurzer Zeit wieder aufzustocken. Im Osten erhöhte er die Zahl von 30.000 auf 130.000 und brachte schließlich die Gesamtzahl der Truppen in Deutschland auf etwa 400.000. Allerdings musste er dafür auf eine beträchtliche Anzahl frischer Rekruten zurückgreifen.

Im März 1813 machte die Sechste Koalition stetige Fortschritte. Nach Napoleons Scheitern in Russland wechselten sowohl Preußen als auch Österreich die Seiten, wobei Letzteres eine Position der bewaffneten Neutralität einnahm. Auch Schweden trat dieser Koalition gegen Frankreich bei, verbündete sich mit dem Vereinigten Königreich und befreite umgehend das sogenannte Schwedisch-Pommern. Am 17. März erklärte der preußische König Friedrich III. Frankreich den Krieg und rief sein Volk zu den Waffen. Preußen schien begierig darauf zu sein, erneut in einen Konflikt mit Napoleon zu treten, und schon bald kam es zur ersten kleineren Schlacht bei Möckern, die die Preußen für sich entschieden.

Auf der Suche nach Möglichkeiten, seine Truppen in Mitteleuropa – wo sich der Großteil des Konflikts abspielen sollte – zu verstärken, musste Napoleon etwa 20.000 erfahrene Soldaten von der Iberischen

Halbinsel abziehen. Dadurch schwächte er die französischen Bemühungen im laufenden Peninsularkrieg erheblich. Dies erwies sich als schwerwiegende Schwächung, da Napoleons Bruder Joseph Bonaparte bald Madrid aufgeben musste, als der Herzog von Wellington die Franzosen in ganz Spanien entscheidend besiegte. Im Mai nahm er Burgos ein, gewann Ende Juni die Schlacht von Vitoria und besiegte Ende Juli Marschall Soult in der Schlacht in den Pyrenäen, was ihn an die Schwelle Frankreichs brachte. Dies sollte für die späteren Entwicklungen im Krieg der Sechsten Koalition von entscheidender Bedeutung sein.

In den ersten Monaten des Krieges versuchte Österreich, Frankreich treu zu bleiben – sein Außenminister Metternich wollte zwischen Frankreich und den Kräften der Koalition vermitteln, doch dies war nur unter Bedingungen möglich, denen Napoleon niemals zustimmen würde.

Bald begannen die ersten Schlachten. Obwohl er nur etwas mehr als ein Jahr dauerte, war der Krieg der Sechsten Koalition voller entscheidender Gefechte und Schlachten, sowohl großer als auch kleiner, mit hohen Verlusten an Menschenleben. Am 2. Mai 1813 gelang es Napoleon in der Schlacht bei Lützen, das Vorrücken der Koalition zu stoppen, wenn auch unter hohen Verlusten. Da ihm nach seinem Russlandfeldzug die Kavallerie fehlte, konnte Napoleon den sich zurückziehenden Feind nicht verfolgen und somit seinen Sieg nicht so ausnutzen, wie er es früher zu tun pflegte. Diese Situation sollte sich im Verlauf des Krieges der Sechsten Koalition wiederholen und Napoleon im Wesentlichen entscheidender Ergebnisse berauben.

Kurz darauf, am 20. Mai, errang Napoleon einen weiteren kostspieligen Sieg bei Bautzen mit ähnlichen Ergebnissen.

Obwohl er etwa die gleiche Anzahl an Männern verlor wie die Koalitionsstreitkräfte, trugen Napoleons anfängliche Siege dazu bei, die Moral der Russen und Preußen stark zu schwächen. Beide Armeen erlitten in der Anfangsphase des Krieges immense Verluste, und es wurde nun offensichtlich, dass es schwierig sein würde, solche Verluste auszugleichen. Im Grunde waren beide völlig dezimiert. Darüber hinaus äußerte eine große Zahl hochrangiger Offiziere der russischen Armee den Wunsch, nach Russland zurückzukehren, da ihr ursprüngliches Ziel, Napoleon aus ihrem Land zu vertreiben, erfolgreich war. Auch der preußische König Friedrich III. äußerte gewisse Zweifel an dem neuen Krieg gegen Napoleon, nachdem er bei Bautzen und Lützen blutige Nasen geholt hatte, obwohl er sein Volk nur Monate zuvor so inbrünstig zum Krieg aufgerufen hatte. Nun war die einzige Hoffnung für Russen und Preußen die Beteiligung Österreichs, das bis zu diesem Zeitpunkt nicht in Aktion getreten war.

Napoleon befand sich jedoch in einer verzweifelten Lage. Seine Armee bestand nun mehrheitlich aus frischen Rekruten und benötigte dringend viele wichtige Ressourcen – von denen viele nach dem russischen Fiasko knapp waren. Die neuen Wehrpflichtigen waren auch weniger robust als die erfahrenen Veteranen – sie ermüdeten schnell von Napoleons berüchtigten langen Gewaltmärschen und ständigen Manövern. All dies bedeutete, dass die französische Armee dringend eine Friedensperiode benötigte, um sich neu zu versorgen, zu erholen und zu reorganisieren. Ganz zu schweigen von der Tatsache, dass Napoleon fast keine Pferde mehr hatte und diese neu beschafft werden mussten. Als die Koalitionskräfte einen Waffenstillstand anboten, war Napoleon daher geneigt, darauf einzugehen. Dieser kurze Waffenstillstand sollte jedoch bald enden, besonders nachdem Napoleon ein katastrophales Gespräch mit dem österreichischen Kanzler Metternich geführt hatte, bei dem es zu einem heftigen Streit kam. Als der Krieg wieder aufgenommen wurde, sollte Napoleon schnell erkennen, dass es ein Fehler war, sich auf den Waffenstillstand zu verlassen – die Koalitionskräfte profitierten viel mehr davon als er. Schließlich trat Österreich der Sechsten Koalition bei und erklärte Frankreich im August 1813 offiziell den Krieg.

Der Waffenstillstand dauerte vom 4. Juni 1813 bis zum 13. August desselben Jahres und gewährte beiden Seiten nur eine kurze Atempause. Nach seinem Ende wurden die Koalitionstruppen durch die neu hinzugekommenen österreichischen Streitkräfte erheblich verstärkt. Letztere brachten etwa 300.000 Soldaten ins Feld und erhöhten die Gesamtzahl der Koalitionstruppen auf etwa 800.000 Frontsoldaten und 350.000 Soldaten in Reserve. Dies erwies sich als Napoleons Fehler, da er nun den zahlenmäßigen Vorteil und damit die Initiative in dem Krieg verlor, die er ursprünglich hatte.

Nach dem Waffenstillstand wurden die Kämpfe bald wieder aufgenommen. Napoleon errang zwischen dem 26. und 27. August 1813 in der Schlacht bei Dresden einen entscheidenden Sieg, bei dem er die vereinte preußische, österreichische und russische Armee dezimierte. In dieser Schlacht traf Napoleon gerade noch rechtzeitig ein, um die angegriffene französische Garnison in Dresden zu verstärken. Obwohl zahlenmäßig unterlegen, wagte er einen Angriff und schaffte es, seinen Feind am Weißeritz-Fluss festzunageln. Dies gab den Kürassieren und Ulanen von Joachim Murat eine klare Chance, die sie nutzten und so den eingekesselten Feind in Stücke rissen, wodurch sie die Schlacht durch ein blutiges Gemetzel gewannen. Doch selbst mit diesem Sieg erlaubte es das ungünstige Wetter Napoleon nicht, daraus Kapital zu schlagen und seinen Plan, die Koalitionsstreitkräfte einzukreisen, zu verwirklichen. Die Schlacht von Dresden war eine der letzten Chancen Napoleons, den Krieg der Sechsten Koalition an einem einzigen Tag zu beenden – aber er konnte diese Chance nicht nutzen.

Währenddessen, als Napoleon mit dem Großteil seiner Streitkräfte in Richtung Dresden marschierte, nutzte die preußische Armee unter dem Kommando von Graf von Blücher die Gelegenheit und griff die Truppen des französischen Marschalls MacDonald in der Schlacht an der Katzbach an. Sie fand am selben Tag wie die Schlacht bei Dresden statt, und das alles unter sintflutartigem Regen. Hier gewannen die

Preußen die Oberhand und zwangen die französische Armee zum Rückzug in Richtung Sachsen. Katzbach war ein schrecklicher Verlust für die Franzosen: Sie erlitten 13.000 Verluste und 20.000 Gefangene, verglichen mit nur 4.000 Verlusten auf preußischer Seite.

Am 6. September 1813 erlitten die Franzosen eine weitere schreckliche Niederlage, diesmal durch eine vereinte preußische und schwedische Armee. Es geschah, als Napoleon versuchte, Berlin einzunehmen, in der Annahme, dass dies Preußen zum Ausscheiden aus dem Krieg zwingen würde. Er ließ seinen Marschall Ney bei Dennewitz das Kommando führen, aber Ney geriet in eine von den Schweden gestellte Falle und erlitt schreckliche Verluste und eine vernichtende Niederlage. Mit 20.000 erlittenen Verlusten war diese Niederlage eine Katastrophe für Napoleon. Er verlor nicht nur die Chance, Berlin einzunehmen, sondern auch endgültig die Initiative. Nun war er gezwungen, eine entscheidende Schlacht zu suchen und alles auf eine Karte zu setzen. Und das war die Schlacht bei Leipzig.

Er zog sich mit einer 175.000 Mann starken Armee nach Leipzig in Sachsen zurück. Hier hoffte er, eine Verteidigungsschlacht gegen die vereinten Koalitionsarmeen zu führen - aber zu seinen eigenen Bedingungen. Dies wurde zur Völkerschlacht (oder Schlacht bei Leipzig), die zwischen dem 16. und 19. Oktober 1813 ausgetragen wurde. Die französische Armee zählte nach Erhalt von Verstärkungen nahezu 190.000 Soldaten und stand einer massiven Streitmacht von mehr als 430.000 Koalitionstruppen gegenüber, die sich auf Napoleon zubewegten. Die Völkerschlacht war die bis dahin größte Schlacht, die je in Europa geschlagen wurde, bis zum Beginn des Ersten Weltkriegs. Es war eine erbitterte, blutige Schlacht und einer der größten Verluste an Menschenleben in den Napoleonischen Kriegen, mit mehr als 127.000 Gesamtverlusten. Leipzig war eine weitere, entscheidende Niederlage Napoleons. Er war zum Rückzug gezwungen und ließ Marschall Jozef Poniatowski zurück, um seinen Rückzug zu decken. Letzterer starb dabei, und die Koalitionsstreitkräfte nahmen schließlich 30.000 französische Soldaten gefangen, nachdem diese zurückgelassen worden waren. Napoleon zog sich mit den Überresten seiner Armee nach Frankreich zurück.

Nach ihrem Sieg bei Leipzig boten die Koalitionsstreitkräfte Napoleon im November 1813 Frieden an. Die Bedingungen dieses Friedens waren wie folgt: Napoleon behält seinen Titel als Kaiser von Frankreich, aber Letzteres wird auf seine natürlichen Grenzen „zurückgesetzt" - d.h. er verliert alle eroberten Gebiete. Der österreichische Kanzler Metternich teilte Napoleon mit, dass dies bei weitem die besten Bedingungen seien, die die Koalitionsstreitkräfte ihm je anbieten würden. Und er hatte sicherlich Recht - die Bedingungen waren mehr als großzügig. Getrieben von seinem Ehrgeiz und seiner Hoffnung glaubte Napoleon jedoch immer noch, er könne den Krieg gewinnen, und zögerte daher mit seiner Entscheidung. Nach einer Weile zogen die Koalitionsstreitkräfte das Friedensangebot zurück und setzten den Krieg fort.

Währenddessen, als Napoleon sich nach Frankreich zurückzog, nutzten die britischen Streitkräfte unter dem Herzog von Wellington die Situation aus und eilten von der Iberischen Halbinsel heran. Wellington führte seine *Peninsular Army* über die Pyrenäen, errang Siege in den Schlachten von Nive, Nivelle und am Vera-Pass sowie in den Schlachten von Orthez und Toulouse und drang bis April 1814 weit nach Frankreich vor.

Auf der anderen Seite kämpfte Napoleon weiter. Auf seinem Rückzug führte er eine Reihe von Verteidigungsschlachten innerhalb Frankreichs, insbesondere die Schlacht bei Arcis-sur-Aube, jedoch ohne Gewinne. Sein Eifer und seine Hingabe an seine Vision grenzten nun an das Unmögliche: In Frankreich erließ er einen Befehl für 900.000 frische Rekruten - eine astronomische Zahl. Nur ein Bruchteil dieser Zahl wurde je rekrutiert. Napoleon war zunehmend in der Unterzahl, befehligte im Februar 1814 nur noch etwa 80.000 Soldaten, nachdem er einen Sechs-Tage-Feldzug geführt hatte, in dem er eine

Reihe von Schlachten gegen einen zahlenmäßig überlegenen Feind gewann. Dennoch verfügten die Koalitionsstreitkräfte immer noch über etwa 400.000 Mann. Es wurde immer deutlicher, dass Napoleons Tage gezählt waren - sein Untergang begann. In dem Wissen darum unterzeichneten die Mächte der Koalition am 9. März 1814 den Vertrag von Chaumont und gelobten, den Kampf fortzusetzen, bis Napoleon vollständig besiegt war. Kurz darauf brachten sie den Kampf auf die Straßen von Paris. Zwischen dem 30. und 31. März führte Napoleon die Verteidigung seiner Hauptstadt in der Schlacht um Paris an. Er scheiterte, und die Koalitionsstreitkräfte errangen einen entscheidenden Sieg.

Napoleons Kapitulation war nun eine Gewissheit. Der russische Kaiser zog triumphierend in Paris ein und sandte Gesandte, um die Kapitulation seines Feindes entgegenzunehmen. Am 31. März wurden ihm die Schlüssel der Stadt vom französischen Außenminister Talleyrand übergeben. Napoleon wollte jedoch in seiner blinden Hingabe weiterkämpfen und Paris zurückerobern. Aber seine ranghöchsten Offiziere und Marschälle erkannten die Sinnlosigkeit darin und meuterten kollektiv. Sie traten am 4. April an Napoleon heran und brachten ihre Weigerung zum Ausdruck, zu gehorchen. Marschall Ney stand an ihrer Spitze. Zwei Tage zuvor hatte der französische Senat einen Beschluss verabschiedet, der Napoleon offiziell absetzte, sehr zu dessen Wut. Da er keine Wahl hatte und von seinen Marschällen im Stich gelassen wurde, dankte Napoleon am 6. April 1814 bedingungslos ab. Eine der Bedingungen seiner Abdankung war auch sein Exil auf die Insel Elba. Dies waren ein paar komplizierte Tage mit zahlreichen komplizierten Ereignissen, die sich entfalteten. Dennoch war der Krieg der Sechsten Koalition endlich vorbei, und - wie viele dachten - waren die Napoleonischen Kriege ebenfalls beendet. Napoleon hatte jedoch andere Pläne...

Kapitel X Krieg der Siebten Koalition, 20. März - 8. Juli 1815

Nach Napoleons Niederlage und Verbannung auf die kleine Insel Elba, etwa 10 Kilometer vom italienischen Festland entfernt, war die Lage in Frankreich alles andere als ideal. Die Bourbon-Dynastie wurde fast unmittelbar nach Napoleons Exil im Zuge der Bourbon-Restauration wieder auf den französischen Thron gesetzt. Letzterer verbrachte jedoch nur 9 Monate in seinem nicht allzu abgelegenen Exil, beobachtete geduldig die sich entfaltenden Ereignisse und schmiedete einen Plan für seine Rückkehr an die Macht. Mit nur spärlichem Kontakt zu Paris kratzte Napoleon jedes Bisschen Information zusammen, das er bekommen konnte, um die Situation in Frankreich so genau wie möglich einzuschätzen. Und die Dinge entwickelten sich tatsächlich so, wie er es vorhersehen konnte – die Auflösung seines Kaiserreichs und die Rückkehr zu den alten Grenzen des königlichen Frankreichs war bei Weitem nicht ideal und löste eine Welle der Unzufriedenheit in der Bevölkerung aus. Die Bourbon-Prinzen und der zurückkehrende Adel behandelten das Volk genauso schlecht wie zuvor, besonders die Veteranen von Napoleons Großer Armee, die sicherlich eine bessere Behandlung verdient hätten. Darüber hinaus war ganz Europa nach Jahren fast ständiger Kriegsführung gefährlich angespannt und unter Druck. All dies kam Napoleon als entscheidende und generell günstige Nachricht zu Ohren, der einschätzte, dass die Situation eine positive Reaktion des französischen Volkes hervorrufen würde, sollte er zurückkehren. Ein weiterer Faktor, der seine ohnehin hohen Hoffnungen stärkte, war die Tatsache, dass – da der Krieg angeblich vorbei war – die französischen Kriegsgefangenen massenhaft nach Frankreich zurückkehren würden und den erfahrenen, kampferprobten Kern seiner neuen Armee bilden könnten. Es war nicht allzu schwer, all diese günstigen Zeichen zu erkennen, und selbst

Napoleons Feinde konnten die Situation einschätzen. Daher schlugen viele von ihnen vor, ihn an einen noch entlegeneren Ort zu deportieren, wie die Azoren oder das entfernte St. Helena. Einige wollten ihn sogar ermorden lassen.

In der Zwischenzeit versammelten sich die alliierten Mächte zum wichtigen Wiener Kongress, der von November 1814 bis Juni 1815 dauerte und bis heute als eine der bedeutendsten politischen Konferenzen der europäischen Geschichte gilt. Die versammelten Mächte hatten jedoch widersprüchliche Ansichten und Vorstellungen für die Zukunft Europas. So unterschiedlich sogar, dass sie beinahe gegeneinander in den Krieg gezogen wären. Der stolze preußische König verlangte das gesamte Königreich Sachsen für sich, während der russische Zar Alexander so viel von Polen wie möglich einnehmen wollte und dabei das Herzogtum Warschau bestehen lassen wollte – um seine eigenen Grenzen zu schützen. Österreich wollte das immer umstrittene Norditalien und würde weder die Wünsche Preußens noch Russlands zulassen. Die Briten unterstützten die Franzosen und die Österreicher. Diese gegensätzlichen Ziele führten zu Höchstspannungen auf dem Kongress, die fast zum Krieg geführt hätten, als der russische Zar „höflich" darauf hinwies, dass sein Reich 450.000 Mann an seinen Grenzen habe und alle herzlich eingeladen seien zu versuchen, sie von dort wegzubewegen.

Aber wie uns das alte Sprichwort lehrt: Wenn die Katze schläft, kommen die Mäuse zum Vorschein. Oder besser noch: Wenn die Mäuse streiten, geht der alte Kater auf die Pirsch. Und dieser alte Kater war Napoleon Bonaparte. Er nutzte den langwierigen Prozess des Wiener Kongresses aus und schaffte es, am 26. Februar 1815 aus seinem Exil zu entkommen. Er schlich sich mit etwa tausend Anhängern an Bord eines französischen Schiffes und floh aus dem Hafen von Portoferraio auf Elba. Am 1. März landete er im Süden auf französischem Boden. Von Anfang an wurde er mit offenen Armen empfangen, außer in der royalistischen Region der Provence. Nach und nach sammelte er seine Getreuen um sich, und als die Truppenzahlen zu wachsen begannen, hatte Napoleon erneut die Grundlagen einer Armee zur Verfügung. Jene Truppen, die eigentlich royalistisch sein sollten, waren offensichtlich immer noch glühende Anhänger ihres Ex-Kaisers und liefen massenweise zu ihm über. Bei einem Zwischenfall wurde ein royalistisches Regiment eingesetzt, um Napoleons Vormarsch in der Nähe von Grenoble zu stoppen. Bevor es zum Kampf kam, trat Napoleon selbst vor die royalistischen Truppen, knöpfte seinen langen Mantel auf, breitete die Arme aus und sagte: „Wenn einer von euch seinen Kaiser erschießen will, hier bin ich." Alle Männer gingen auf seine Seite über. Sogar seine ehemaligen Marschälle begannen, zu Napoleon zurückzukehren, und schufen das Bild der Verhältnisse, wie sie früher waren. Marschall Michel Ney, genannt der „Tapferste der Tapferen", war nach Napoleons Exil ein royalistischer Befehlshaber geworden. Er sagte auch, dass Letzterer in einem Käfig nach Paris gebracht werden sollte. Am 14. März 1815 schloss jedoch auch er sich Napoleon an und brachte etwa 6.000 Mann auf seine Seite. Etwa fünf Tage später zog Napoleon, gestärkt und ehrgeizig, unter dem Jubel der versammelten Menge erneut in Paris ein. König Ludwig XVIII. floh in Panik. Die royalistischen Kräfte in Frankreich waren weder Napoleon noch seinen angewachsenen Truppenzahlen gewachsen.

Kurz nach diesen Ereignissen begannen sowohl Napoleon als auch die Nationen der neu gebildeten Siebten Koalition, sich auf einen weiteren neuen Krieg vorzubereiten. Während Napoleon durch Frankreich marschierte und seine Anhänger um sich scharte, war der Wiener Kongress noch im Gange. Als sie von seiner Rückkehr hörten, unterzeichneten die Großmächte eine Erklärung, die ihn zum Geächteten erklärte und offiziell den Krieg der Siebten Koalition einleitete. Alle diese Mächte verpflichteten sich auch, jeweils 150.000 Soldaten für den Krieg zu stellen. Nur Großbritannien konnte diese Forderung nicht erfüllen.

Aber so hingegeben, eifrig, ehrgeizig und hoffnungsvoll Napoleon auch gewesen sein mochte, die Zahlen logen nicht. Und was die Zahlen sagten, war nicht günstig. Bei seiner Rückkehr nach Paris entdeckte Napoleon, dass Ludwig XVIII. ihm nur wenige Ressourcen hinterlassen hatte, was seine Situation noch herausfordernder machte. Nichtsdestotrotz stellte er langsam eine beträchtliche Armee aus sowohl erfahrenen Veteranen als auch unerfahrenen Rekruten zusammen. Ende Mai 1815 hatte er etwa 198.000 Mann zur Verfügung, mit weiteren 66.000 Rekruten in Ausbildung. Andererseits verfügten seine Feinde über eine Armee von etwa 850.000 Mann, aufgeteilt auf vier verschiedene Fronten. Aber obwohl er zahlenmäßig weit unterlegen war, war Napoleon kein Neuling und konnte die Art und Weise wählen, wie sich dieser Krieg entfalten würde, in der Hoffnung, die Zahlen für sich arbeiten zu lassen. Er musste sich für eine gute Strategie entscheiden und einen Plan entwickeln, entweder für einen Angriffs- oder einen Verteidigungskrieg. Während man erwarten könnte, dass er sich in seiner Situation für die Verteidigung seiner Grenzen entscheiden würde, wichtige Städte befestigen und einen Guerillakrieg führen würde, entschied sich Napoleon tatsächlich für den Angriff. Er plante einen Präventivschlag, bevor die Koalitionsstreitkräfte vollständig vorbereitet und miteinander verbunden waren. Mit einem entscheidenden Sieg könnte er die Siebte Koalition zwingen, um Frieden zu bitten, was für Napoleon günstig wäre. Diesmal fand er jedoch ein bisschen Vernunft: Durch einen solchen Frieden wollte er an der Spitze Frankreichs bleiben und nicht viel mehr.

Napoleons Plan sah einen Angriff in Belgien vor. Es gab mehrere Gründe für diese Wahl: Er wusste, dass die britische und preußische Präsenz dort verstreut und nicht vollständig organisiert war; er erfuhr, dass die britischen Streitkräfte größtenteils aus Truppen zweiter Linie bestanden; und ein Sieg in Belgien könnte das französischsprachige Brüssel für seine Sache gewinnen. Und der Feldzug, der sich aus dem französischen Angriff in Belgien entwickelte, sollte sich als der entscheidende Konflikt und Napoleons letzter erweisen. Bekannt als der Waterloo-Feldzug dauerte er vom 15. Juni bis zum 8. Juli 1815 und wurde zwischen der französischen Armee und den vereinten Armeen der Briten und Preußen ausgetragen. Die Marschälle Ney, Grouchy, Davout und Soult waren alle an Napoleons Seite beteiligt, während sich die Koalitionstruppen auf die Befehle von Von Blücher und Wellington verließen. Die ersten Zusammenstöße dieses Feldzugs begannen am 15. Juni, als die Franzosen den Fluss Sambre nahe Charleroi überquerten, die preußischen Stellungen besiegten und eine günstige Position an der Nahtstelle zwischen den vorübergehenden Lagern von Wellingtons Truppen und der preußischen Armee im Osten sicherten. Am nächsten Tag fand die Schlacht bei Quatre Bras statt, bei der Michel Ney die Franzosen befehligte. Die Schlacht wurde an einer strategischen Kreuzung geführt und war verlustreich. Obwohl es im Wesentlichen eine unentschiedene Schlacht war, war es dennoch ein strategischer französischer Sieg, da es Napoleon gelang, Wellington daran zu hindern, die Preußen zu verstärken, die zur gleichen Zeit in der Schlacht bei Ligny kämpften. Die Schlacht bei Ligny war ein weiteres *gewaltiges* Gefecht und ein entscheidender französischer Sieg. Napoleon stellte dann seinen rechten Flügel unter das Kommando von Marschall Grouchy und gab ihm den Befehl, die sich zurückziehenden Preußen zu verfolgen, während er selbst mit dem linken Flügel und den Reserven Wellingtons Truppen in Richtung Brüssel verfolgen würde. In der Nacht zum 17. Juni erfuhr Wellington, dass sich die preußische Armee größtenteils intakt aus der Schlacht bei Ligny zurückgezogen hatte und in der Lage sein würde, ihn zu verstärken. Daraufhin wandte Wellington seine Truppen und bereitete sich auf die Schlacht an einem sanften Hang nahe dem Dorf Waterloo vor. Der nächste Tag sollte den Beginn einer der wichtigsten Schlachten der gesamten Napoleonischen Kriege einläuten, die in die Geschichtsbücher eingehen würde.

Die Schlacht bei Waterloo dauerte nur einen einzigen Tag, war aber eine erbitterte und komplexe Angelegenheit. Die Briten konnten ihre Stellungen gegen wiederholte und rücksichtslose französische Angriffe halten. Die Preußen begannen jedoch am späten Nachmittag in aufeinanderfolgenden Wellen als Verstärkung einzutreffen, griffen Napoleons Flanke an und fügten ihm schwere Verluste zu. Zur gleichen Zeit, als die Schlacht bei Waterloo im Gange war, führte Marschall Grouchy – den Napoleon zuvor zur Verfolgung ausgesandt hatte – die Schlacht bei Wavre gegen die preußische Nachhut. Dies war ein Blockadegefecht der Preußen, das Grouchy und seine 33.000 Mann effektiv davon abhielt, Napoleon bei Waterloo zu unterstützen. Am Ende erlitt Napoleon schwere Verluste, verlor bei Waterloo und begann einen chaotischen Rückzug in Richtung Paris. Die Briten und Preußen waren ihm dicht auf den Fersen und verfolgten die Franzosen bis nach Paris. Napoleon kam vor ihnen dort an und hoffte, politische Unterstützung für weitere Operationen zu sichern. Er war immer noch hartnäckig von der Hoffnung getrieben, dass er im Kampf bleiben könnte, obwohl er nur wenige Tage zuvor bei Waterloo 41.000 Mann verloren hatte. Napoleon hoffte, dass er einen kollektiven nationalen Widerstand gegen seine Feinde organisieren könnte, aber das war weit von der Realität entfernt. Jedoch scheiterten alle diese Hoffnungen und er wurde schließlich gezwungen, endgültig abzudanken. Gegen Ende tat Napoleon schließlich etwas, was er noch nie zuvor getan hatte – er „legte sein Schwert nieder" und gab endlich zu, dass er besiegt war. Als sein Bruder Lucien Bonaparte, einer seiner letzten wahren Verbündeten, ihn drängte, zu „wagen", wie er es früher zu tun pflegte, antwortete Napoleon: *Ach, ich habe schon viel zu viel gewagt".* Napoleon Bonaparte, dieser eifrige Führer, der die größten Mächte Europas in die Knie gezwungen hatte, hatte seinen Kampf verloren. Er dankte am 22. Juni 1815 zugunsten seines Sohnes ab.

Nach der Abdankung erhielt Napoleon die Nachricht, dass er Paris verlassen müsse. Die Preußen, die sich näherten, hatten den Befehl, ihn tot oder lebendig zu fangen. Napoleon floh daher zunächst zum Schloss Malmaison außerhalb von Paris und von dort zum Hafen von Rochefort. Von dort aus hoffte er, Amerika erreichen zu können. Die Blockade der Royal Navy verhinderte jedoch, dass seine Ziele Wirklichkeit wurden. Am Ende, unfähig, Frankreich entweder zu verlassen oder darin zu bleiben, ergab sich Napoleon dem Kapitän des britischen Schiffes HMS *Bellerophon*, das ihn nach England brachte. Von dort wurde Napoleon schließlich nach St. Helena verbannt, einer sehr abgelegenen Insel, die etwa 1.950 Kilometer (1.210 Meilen) westlich der Küste des südwestlichen Afrikas liegt. Napoleon blieb dort im Exil und schrieb in allgemeiner Isolation seine Memoiren. Er starb dort am 5. Mai 1821. Er war 51 Jahre alt.

Napoleon wünschte, am Ufer der Seine begraben zu werden. Sollte dies nicht erlaubt sein, wünschte er, auf St. Helena begraben zu werden, wie er sagte: *„Begrabt mich im Schatten der Weiden, wo ich auf dem Weg zu Ihnen nach Hutt's Gate zu ruhen pflegte, nahe der Quelle, zu der sie jeden Tag gehen, um mein Wasser zu holen".* Dies bezog sich auf den Arzt der Britischen Ostindien-Kompanie, Dr. Kay, den Napoleon oft nach seinen langen Spaziergängen zwischen den vielen blühenden Geranienbüschen besuchte. Tatsächlich nannte Napoleon selbst das Tal *Vallée du Géranium* (Geranium-Tal). Er wurde dort im Schatten einer einsamen Weide in einem einfachen Grab mit einer völlig leeren Grabplatte beigesetzt. Erst später, im Jahr 1840, wurden seine Überreste exhumiert und er wurde in einer aufwendigen, majestätischen Krypta unter der Kuppel des Invalidendoms in Paris beigesetzt, wo seine sterblichen Überreste bis heute ruhen.

Kapitel XI Das Schlachtfeld der Napoleonischen Ära

Es gibt viele Faktoren, die die Kriegsführung in der Napoleonischen Ära so anders machen als in einigen anderen historischen Perioden, über die Sie vielleicht gelesen haben. Dies war nicht das Zeitalter der schnellen, chaotischen und modernisierten Kriegsführung des 20. Jahrhunderts – dies war die Ära des Schießpulvers, der Manöver, der Linienformationen und der großartigen, meisterhaften Strategie. In vielerlei Hinsicht dienten die Napoleonischen Kriege dazu, allen Generälen und Kommandeuren, die in den folgenden Jahrzehnten und Jahrhunderten auftauchen würden, die „Kunst" der strategischen Kriegsführung zu lehren. Einige von Napoleons größten Schlachten würden in immensem Detail studiert werden, um sein taktisches Genie zu sezieren und daraus große Lehren für zukünftige Schlachten zu ziehen. Allerdings konnten seine Ansätze zur Schlachtführung nicht immer angewendet werden, und es wurde deutlich, dass – mit der rapiden Modernisierung des frühen 20. Jahrhunderts – der alte Kriegsstil schnell obsolet wurde. Ein kritisches Beispiel ist der Erste Weltkrieg, in dem das Alte mit dem Neuen zusammenprallte, und zwar unter enormen Verlusten an Menschenleben. Nichtsdestotrotz war Napoleon in seiner Zeit beispiellos als Anführer und Kommandeur. Er besaß ein Charisma, das seine Generäle und Marschälle sowie seine Soldaten zu lieben lernten. Dieses Charisma übertrug er sogar auf das Schlachtfeld. Er war ebenso ein Meisterstratege, der taktische Innovationen auf das Schlachtfeld brachte, ohne Angst davor zu haben, zu wagen und Risiken einzugehen. Oft genug war ein zahlenmäßiger Nachteil für Napoleon kein Problem – tatsächlich gewann er einige seiner entscheidenden Schlachten, während er zahlenmäßig stark unterlegen war. Während der Französischen Revolutionskriege und seiner frühen militärischen

Laufbahn schärfte er seine Fähigkeiten als Anführer von Männern und lernte allmählich, neue, moderne (für die damalige Zeit) militärische Taktiken mit alten und bewährten Armeeformationen zu kombinieren. Dieser Ansatz entwickelte sich zu einer flexiblen und sehr anpassungsfähigen Strategie, die einige seiner späteren Schlachten definieren sollte. Napoleons meisterhafte Beherrschung der großen militärischen Strategie ist sicherlich das, was ihm einige seiner feinsten Siege bescherte: Er dachte voraus und wusste immer, wann und wie er eine plötzliche Schwäche des Feindes ausnutzen konnte.

All dies verschaffte Napoleon einen klaren Vorteil gegenüber seinen Feinden, von denen viele sich noch auf alternde und etablierte Strategien einer viel einfacheren Kriegsführung verließen. Und es war Napoleon, der ihnen zeigte, dass diese Einfachheit einfach nicht ausreicht. Für seine Feinde war die Kriegsführung immer noch viel zu grob – und oft genug lief es einfach darauf hinaus, den Feind zu umgehen. Vor den Napoleonischen Kriegen kapitulierten ganze Armeen oft, sobald sie umgangen wurden. Aber als Napoleon kam, brachte dieser Fokus auf die Umgehung eine ganze Reihe von Schwächen mit sich – Kommandeure arbeiteten so hart daran, ihre Flanken zu sichern, dass sie ihr Zentrum und ihre Nachhut schwächten. So lernte er schnell, diese veraltete Strategie auszunutzen, indem er sich an den Kampfstil des Feindes anpasste und die Normen der Kriegsführung durchbrach. Einige seiner ikonischen Züge sollten ihm die berühmte Schlacht von Austerlitz gewinnen, wie zum Beispiel die vorgetäuschten Flankenangriffe oder die absichtliche Schwächung seiner eigenen Flanken als Köder. In Kombination damit setzte er seine starke und furchteinflößende Kavallerie ein, mit der er das geschwächte Zentrum des Feindes durchbrechen und ihre geteilten Flanken umschließen konnte, um einen Sieg zu sichern. Schließlich hielt Napoleon während der Napoleonischen Kriege, wie wir oft erwähnten, seine Elitetruppen – die Kaiserliche Garde – in Bereitschaft und verließ sich auf ihre erbitterte Expertise, um einen Sieg zu „zementieren" oder das Blatt in einer schwankenden Schlacht zu wenden.

Als Teil der erfolgreichen Befehlsgewalt über ein Schlachtfeld musste sich der Kommandeur der Napoleonischen Ära auf eine effiziente Kombination von Infanterie, Kavallerie und Artillerie verlassen, aber auch auf eine Vielzahl komplexer taktischer Formationen. Oft genug war es die verwendete Formation, die das Schicksal einer Einheit auf dem Feld bestimmte. So war zum Beispiel die *Angriffskolonne* eine der weit verbreiteten und hocheffizienten Formationen, auf die Napoleon setzte. Von den Franzosen als *colonne d'attaque* bekannt, war diese Formation fast eine Mischung aus einer Kolonne und einer Linie. Napoleon nutzte sie als Fortsetzung der frühen „Mob-Taktiken" der *Levée en masse*-Armeen der Französischen Revolutionskriege. Die Angriffskolonne verließ sich auf leichte Infanteriegeplänkel und kombinierte verheerende Musketensalven mit Bajonettangriffen. Während sie gegen eine Standard-Linie von Plänklern ausgezeichnet war – die sie oft mit Sicherheit durchbrechen würde – war diese geballte Formation anfällig für Kanonenfeuer. Das *Karree* war als Formation ebenso wichtig und konnte die Lebensdauer einer Einheit auf dem Feld erheblich verlängern. Die Franzosen kannten es als *carré* und als vielseitige Verteidigung gegen Kavallerie. Stark an die antike römische *testudo* erinnernd, bildeten die Soldaten ein hohles Quadrat, wobei jede Seite mindestens drei Reihen „dick" war. Ein solches Quadrat war von allen Seiten vor Angriffen und Kavallerie geschützt. Dennoch war es weitgehend eine stationäre Formation und daher anfällig für gezieltes Artilleriefeuer.

Aber wenn es darum ging, die Moral des Feindes zu brechen und eine Linienformation zu verwüsten, gab es keine bessere Lösung als den *Keil*. Diese ikonische Kavallerieformation, auf Französisch *colonne de charge* genannt, war wie eine Speerspitze geformt und wurde genutzt, um sich schnell zu formieren und eine stationäre Linie mit Geschwindigkeit und kaltem Stahl zu verwüsten. Allerdings sollte sie den einmal gewonnenen Schwung nicht verlieren – wenn ein Kavallerieangriff gestoppt wurde, wurde er sehr verwundbar. Die sogenannte *Tête du sanglier* – die *Wildschweinkopf*-Formation wurde ebenfalls oft eingesetzt. Als sehr komplexe, hybride Formation nutzte sie Infanterie, Kavallerie *und* Artillerie gleichzeitig in einer gemischten Ordnung, die – wie der Name schon sagt – dem Kopf eines Wildschweins ähnelte. Obwohl sehr schwierig aufzustellen, war sie dennoch als Angriffsformation sehr effektiv, wenn auch langsam beweglich.

Während der napoleonischen Ära spielte die Artillerie eine äußerst wichtige, vielleicht sogar entscheidende Rolle auf dem Schlachtfeld. Napoleon selbst war als Artillerieoffizier ausgebildet und hat bekanntlich gesagt: *„Gott kämpft auf der Seite mit der besten Artillerie".* Und genauso wie die verheerende Wirkung des Artilleriefeuers im Ersten Weltkrieg eine entscheidende Rolle spielen sollte, dominierte sie auch das napoleonische Schlachtfeld. Für die französische Grande Armée war sie das Rückgrat – der donnernde Hammer, der die feindlichen Linien zermürbte. Ihr Erfolg beruhte auf der Fähigkeit, in kürzester Zeit Massenverluste zu verursachen. Mit einer Vielzahl von Geschosstypen, die damals zur Verfügung standen, konnte sich eine erfahrene Artillerieeinheit an verschiedene Kampfbedingungen anpassen – mit unterschiedlichen Ergebnissen. Eine der revolutionären Methoden, die Napoleon entwickelte, war die hochmobile Infanterie. Dank der ausgezeichneten Ausbildung seiner Mannschaften konnten sie sich schnell an eine günstigere Position verlegen, oft in Begleitung der Infanterie, um geschwächte Stellungen zu verstärken und feindliche Linien zu durchbrechen. Am wichtigsten war jedoch, dass die französische Artillerie fortschrittlicher war als die ihrer Gegner. Die französische Kanonenkonstruktion wurde Mitte des 18. Jahrhunderts von Generalleutnant Gribeauval stark modernisiert. Sein Design ermöglichte leichtere, effizientere und einfacher zu produzierende Geschütze, ohne Einbußen bei Reichweite oder Feuerkraft. Und es war sein Design, das für den Erfolg der französischen Artillerie entscheidend sein sollte. Napoleon verbesserte es noch, indem er eine Taktik entwickelte, die seine Kanonen leicht mit Kavallerie- oder Infanterieeinheiten integrieren konnte und so eine Art Hybrid mit großem Erfolg schuf. Dennoch konnten sie auch unabhängig und aus der Ferne operieren. Die *Fußartillerie* war so konzipiert, dass sie im Tempo der Infanterie reisen konnte. Wenn sie nicht im Einsatz war, wurde sie von Pferden gezogen, und die Kanoniere marschierten neben dem Geschütz. Interessanterweise umfasste eine Artilleriebatterie viel mehr als nur die Mannschaften und ihre Offiziere. Es gab auch Trommler, Holz- und Metallarbeiter, Trompeter, Kürschner und andere Handwerker – die alle für die effektive Arbeit einer Kanone von entscheidender Bedeutung waren.

Die leichteren Kanonen waren jedoch der *berittenen Artillerie* vorbehalten. Diese schnell beweglichen, flexiblen berittenen Artilleristen waren als eine Art Hybrid zwischen den beiden konzipiert, um die Kavallerie zu unterstützen. Mit ihren schnell feuernden, schnell beweglichen Kanonen konnten sie sehr schnell an der gewünschten Position eingesetzt werden, aber auch im Handumdrehen zurückziehen. Durch intensive Ausbildung konnten diese Mannschaften Rekordzeiten beim Einsatz erreichen, bei denen sie ein verheerendes Sperrfeuer auf die feindlichen Linien abgaben und sich ebenso schnell wieder „einpackten" und anderswo neu aufstellten. Beachtenswert ist, dass die Elite-Einheiten der berittenen Artillerie der kaiserlichen Garde hochqualifiziert waren. Es wurde bewiesen, dass sie in weniger als 60 Sekunden vom Galopp zum Abfeuern ihres ersten Schusses übergehen konnten! Dies war unter allen Umständen eine unglaubliche Leistung, und der Herzog von Wellington war verblüfft, als er eine solche Vorstellung in der Schlacht miterlebte. Aber diese Effektivität hatte ihren Preis – im wahrsten Sinne des Wortes. Sie waren sehr teuer in der Aufstellung und Unterhaltung und daher nur in geringer Zahl vorhanden. Alle Artillerieeinheiten – zu Fuß und zu

Pferd – verließen sich auf eine Vielzahl von Geschossen, aber das am häufigsten verwendete war die klassische, gusseiserne Rundkugel. Bei hoher Geschwindigkeit sehr tödlich, war sie auch gefährlich, wenn sie bei großen Entfernungen an Schwung verlor, obwohl sie auf dem Boden abprallte. Aber auf kurze Entfernung verursachte sie ein Blutbad und Verwüstung, indem sie Fleisch zerriss. Allerdings waren sie ziemlich ungenau, besonders auf große Entfernung.

Aber man kann nicht über das Schlachtfeld der napoleonischen Ära sprechen, ohne sich auf den einfachen Infanteristen zu konzentrieren. Ihre Berufung war die am wenigsten glamouröse – aber sie bildete den Kern der Schlacht und konnte über Sieg oder Niederlage entscheiden. Der einfache Fußsoldat trug die Hauptlast des Gemetzels und der Arbeit im Krieg. Infanterist in den napoleonischen Kriegen zu sein und in einer Linie dem Feind gegenüberzustehen – das war sicherlich eine Aufgabe, die denjenigen vorbehalten war, die reichlich Mut besaßen. Da in dieser Zeit Linienformationen vorherrschend waren, musste man fast „warten" und hoffen, nicht erschossen zu werden. Die in dieser Zeit verwendeten Musketen waren Vorderladerwaffen und wurden mit einem Prozess nachgeladen, der mehrere entscheidende Schritte umfasste, wie das Einfüllen von Schießpulver, das Projektil, das Hinunterrammen, das Spannen des Mechanismus und so weiter. Dies führte dazu, dass die Feuerrate für einen normalen Soldaten etwa 3 Schüsse pro Minute betrug. Darüber hinaus waren diese Musketen oft ungenau, und es gab einen gängigen Witz unter den Soldaten, dass man, um einen Mann zu töten, eine Menge Blei verbrauchen musste, die seinem eigenen Körpergewicht entsprach. Die meisten Soldaten – sowohl Franzosen als auch andere – mussten eine ganze Reihe von Schritten durchlaufen, bevor sie einen einzigen Schuss abfeuern konnten. Dazu gehörten: das Öffnen der Zündpfanne; das Entnehmen einer vorgepackten Patrone aus der Gürteltasche; das Abbeißen der Spitze dieses Päckchens; das Vorbereiten der Muskete durch Einfüllen einer kleinen Menge des

Pulvers in die Zündpfanne; das Schließen der Pfanne; das Einfüllen des restlichen Pulvers in den Gewehrlauf; das Rammen des Rests des Päckchens (das das Projektil enthielt) in den Lauf; das Entfernen des Ladestock aus seiner Halterung; das Hineinrammen des Inhalts in den Lauf; das Zurückstecken des Ladestocks an seinen Platz; und schließlich das Abfeuern des Schusses. Der Prozess wiederholte sich dann von vorne. Aus dieser Reihe von Schritten kann man erkennen, dass es beträchtlicher Anstrengungen bedurfte, nur um eine Muskete abzufeuern, und so wollte ein Soldat alles tun, um seinen Schuss zählen zu lassen. Dennoch konnte der normale Infanterist der damaligen Zeit durch rigoroses Training und endlose Wiederholungen – und einige „nicht in den Regeln stehende" Abkürzungen – eine Feuerrate von 3 bis 4 Schüssen pro Minute erreichen, und unter den besten Bedingungen waren auch 6 Schüsse möglich. Eine der am häufigsten auf einem napoleonischen Schlachtfeld anzutreffenden und auch eine der beliebtesten Musketen war das französische Modell 1777 „*Charleville*"-Muskete. Sie war etwa 151,5 Zentimeter lang und verfügte auch über eine Halterung für ein bösartiges 45,6 Zentimeter langes Bajonett.

Um ein noch düstereres Bild davon zu zeichnen, wie hart das Leben eines Infanteristen war, müssen wir zwei Tatsachen erwähnen. Erstens die allgemeine Ungenauigkeit der Muskete, die berüchtigt war. Selbst der erfahrene Soldat während der napoleonischen Kriege musste regelmäßig trainieren, manche bis zu dreimal pro Woche. Ein interessantes Experiment, das in dieser Zeit durchgeführt wurde, zeigte, dass von einer Versammlung von 720 französischen Infanteristen nur 52 das Ziel von 3 Metern auf eine Entfernung von 100 Metern trafen. Als diese Entfernung auf 200 Meter erhöht wurde, gab es nur noch 18 Treffer. Allerdings hatte eine Salve von Schüssen, die aus einer Linienformation abgefeuert wurde, auf sehr kurze Entfernung verheerende Wirkungen. Deshalb warteten die Soldaten oft bis zum letzten möglichen Moment, um ihre Schüsse abzufeuern.

Der zweite Faktor, den wir bedenken müssen, ist der Schuss selbst und die Wirkungen, die er erzeugte. Wenn der Abzug betätigt und das Schießpulver gezündet wurde, erzeugte es einen großen, funkengefüllten Blitz. Der Schuss hinterließ auch eine riesige Rauchwolke. Vervielfacht verdunkelte dieser Rauch das Feld und verdeckte oft die Sicht vor den Soldaten. Und nicht nur das, er verbreitete auch einen eigenartigen Geruch, der an ein verdorbenes Ei erinnerte. So war der normale Infanterist oft durch die sich wiederholenden Schüsse seiner eigenen Muskete geblendet, taub, erstickt und erschüttert. Und die ganze Zeit über musste er alle Schritte des Nachladens wiederholen und hoffen, dass er nicht sterben würde. Der klassische Historiker der napoleonischen Ära, John Elting, schrieb berühmt, dass *„der enorme Lärm und das Rasseln von 500 Musketen völlig jenseits der Vorstellungskraft liegt".*

Bedauerlicherweise war in dieser Zeit auch „Friendly Fire" eine häufige Erscheinung. Dies lag oft an den komplexen und farbenfrohen Uniformen der Soldaten, bei denen es manchmal schwierig war, einen Verbündeten von einem Feind zu unterscheiden. Wenn man dazu noch den Rauch der eigenen Muskete nimmt, kann es in der Hitze des Gefechts ziemlich verwirrend werden. Zum Beispiel blendeten bei der Schlacht von Austerlitz die kombinierten Effekte des dichten Nebels und der massiven Pulverdampfwolken die Soldaten auf beiden Seiten völlig. Ein bemerkenswertes Beispiel für Friendly Fire ereignete sich 1809 während der berühmten Schlacht bei Wagram. Die französischen Soldaten verwechselten ihre Verbündeten, die sächsischen Soldaten, die weiße Uniformen trugen, und eröffneten das Feuer auf sie. Dies lag daran, dass die Österreicher ebenfalls ähnliche weiße Uniformen trugen. Während der Schlacht von Waterloo hielten die preußischen Truppen ihre Verbündeten aus dem Herzogtum Nassau aufgrund ihrer ähnlichen Uniformen für Franzosen und tauschten 10 Minuten lang heftiges Feuer mit ihnen aus, bevor der Irrtum bemerkt wurde. All dies zeigt uns, dass das Leben auf dem Schlachtfeld für einen einfachen Soldaten sehr schwierig war.

Kapitel XII
Nachwirkungen

Die Auswirkungen der Napoleonischen Kriege auf Europa und die Welt waren immens. Aufgrund des gewaltigen Ausmaßes dieses Konflikts und der vielen beteiligten Nationen hatte er weitreichende und dauerhafte Folgen. In Europa kam es während dieses Konflikts und in dessen Folge zu radikalen Veränderungen. Auf dem Höhepunkt seiner Macht gelang es Napoleon, den Großteil Westeuropas unter seine Herrschaft und französische Dominanz zu bringen. Das bedeutete jedoch, dass seine Eroberung zahlreicher Gebiete die Auswirkungen der Französischen Revolution mit sich brachte, in einer Zeit, als ein Großteil Europas noch unter der Herrschaft von Monarchien stand. Napoleon brachte Demokratie, Gerichtsprozesse, die Abschaffung der Leibeigenschaft, eine Reduzierung der Macht der Kirche und viele weitere Einschränkungen solcher Relikte des Mittelalters mit sich. Er erlegte auch den Monarchen und Adligen verfassungsmäßige Beschränkungen auf, was ihn in diesen Kreisen so unbeliebt machte. Doch selbst als Napoleon zum letzten Mal besiegt wurde, blieben diese neuen Freiheiten und Rechte, die er gebracht hatte, in den Köpfen vieler verankert. Und das diente als große Welle, die viele entscheidende Veränderungen in Gang setzte, von denen viele die Welt formten, wie wir sie heute kennen. Napoleons erbitterter Wirtschaftskrieg mit Großbritannien und seine zahlreichen Handelsbeschränkungen dienten dazu, die Bedeutung der Handwerker, der Mittelschicht und der Lohnarbeiter aufzuzeigen. Als ihre Stimmen gehört wurden und ihre Bedeutung endlich klar wurde, konnten die Monarchen und Adligen, die nach Napoleon zurückkehrten, ihre grausame, ausbeuterische und absolutistische Herrschaft nicht mehr so effektiv durchsetzen wie zuvor, was zu mehr Menschenrechten führte. Noch heute können wir uns auf eine zuverlässige Form des Zivilrechts mit klaren Gesetzbüchern verlassen, die ein Vermächtnis des Napoleonischen Kodex sind, den er einführte. Dennoch endete mit dem Ende des Krieges die Vorherrschaft Frankreichs in Europa. Die großen Koalitionsmächte setzten sich beim Wiener Kongress zusammen und schneiderten eine neue Karte Europas, die die nationalen Grenzen veränderte, alles in der Hoffnung, ein „Gleichgewicht der Kräfte" zu schaffen, um den Frieden zu sichern. So traten nach dem Wiener Kongress bestimmte Veränderungen in Kraft. Preußen wurde endlich zu einer der „Großmächte" erhoben, nachdem es viele Gebiete zugesprochen bekommen hatte, darunter Teile Sachsens und Polens sowie des Rheinlands und Westfalens. Nach dieser Verbesserung wurde Preußen zu einem der industriellen Giganten des 19. Jahrhunderts. Großbritannien, wohl die am wenigsten in die Kämpfe auf dem europäischen Festland involvierte Nation, ging als führende Wirtschaftsmacht aus dem Krieg hervor. Natürlich behielt seine Royal Navy ihre Seeherrschaft über die globalen Gewässer bei.

Ein wichtiger Aspekt, der in den Jahren nach Napoleon aufkam, ist der *Nationalismus*. Indem die Napoleonischen Kriege die Mehrheit der europäischen Nationen gegeneinander aufbrachten, erweckten sie starke Gefühle von Patriotismus und nationaler Identität. Die Kluft zwischen dem französischen und dem deutschen Volk vergrößerte sich dramatisch. Natürlich war dies, wie wir alle wissen, ein entscheidender Faktor, der die zukünftige europäische Geschichte prägte. Und es war dieser plötzliche Aufstieg des Nationalismus, der für die Entwicklung des Ersten Weltkriegs entscheidend sein würde. Im Jahrhundert nach den Napoleonischen Kriegen würde sich die Karte Europas fast vollständig verändern, wobei alte Nationen verschwanden und neue entstanden. Darüber hinaus waren einige von Napoleons Veränderungen während seiner Herrschaft die entscheidenden Faktoren, die später zu den Einigungen und Gründungen von – vor allem – Italien und Deutschland führten. Sein Rheinbund kann leicht als Vorläufer eines vereinten Deutschlands betrachtet werden. Natürlich dürfen wir die immensen Auswirkungen nicht vernachlässigen, die die Napoleonischen Kriege auf die Ereignisse in Nord- und Südamerika hatten. Der Krieg von 1812 wird von vielen als ein weiterer Schauplatz der Napoleonischen Kriege betrachtet und war eine wichtige, aber weitgehend fruchtlose Episode in der Geschichte der Vereinigten Staaten und Kanadas. In Südamerika jedoch waren diese Auswirkungen viel bedeutender. Der Aufruhr in Europa schwappte über die Meere und verursachte eine Welle von Aufständen im spanisch kontrollierten Südamerika, was zu blutigen Unabhängigkeitskriegen und der Entstehung moderner südamerikanischer Nationen führte, wie wir sie heute kennen. Nordamerika spürte eine weitere Auswirkung der Napoleonischen Kriege, und zwar die Migration. Der Wiener Kongress ermöglichte im Wesentlichen größere Einwanderungswellen in die Vereinigten Staaten, und etwa 30 Millionen Europäer wanderten in etwa einem Jahrhundert, zwischen 1815 und 1915, dorthin aus.

Opfer

Ein so weitreichender und verheerender Konflikt kann nicht ohne immense Verluste an Menschenleben vorübergehen. Die Napoleonischen Kriege waren geprägt von großen Schlachten, in denen oft Zehntausende von Männern gleichzeitig eingesetzt wurden. Dies, kombiniert mit der hohen Verlustrate und den mangelhaften Bedingungen im Feld, führte zu sehr hohen Todeszahlen. Darüber hinaus ist es wichtig zu beachten, dass die napoleonische Ära viele Annehmlichkeiten späterer Epochen vermissen ließ. Die Medizin steckte noch in den Kinderschuhen, besonders im Feld. Die Feldchirurgie war so primitiv wie möglich, und verwundete Soldaten wurden oft dort liegengelassen, wo sie gefallen waren, da die einzige effiziente Methode, sie zu evakuieren, Pferdewagen waren. Krankheiten waren in dieser Zeit weit verbreitet, ebenso wie Hunger, und beide Faktoren trugen erheblich zur endgültigen Zahl der Todesopfer bei. Wir müssen jedoch berücksichtigen, dass die Bedingungen der damaligen Zeit nicht immer genaue Aufzeichnungen über die Opfer zuließen, und vieles blieb Vermutungen und Berechnungen überlassen. Die Napoleonischen Kriege waren voller Schlachten - und viele von ihnen hinterließen Felder übersät mit Leichen. Massengräber waren keine Seltenheit, und Soldaten wurden vor der Bestattung oft ihrer Uniformen entledigt. Dies ließ wenig Raum für eine sorgfältige Identifizierung. Häufig wurden die Toten und Sterbenden noch Tage nach einer Schlacht auf den Schlachtfeldern zurückgelassen. Nach der Schlacht von Waterloo lagen Tausende von Leichen in der Sommerhitze, einige der Männer verwundet. Major Frye bemerkte nach der Schlacht, dass *der Anblick zu schrecklich war, um ihn zu ertragen*". Leichenfledderer und Plünderer waren nach jeder Schlacht ein gewohnter Anblick, wo sie zwischen den Leichen nach Wertsachen suchten. Ein großer Einblick in den Zustand der Dinge während dieser Ära sind die „Waterloo-Zähne".

Diese Plünderer fanden frische Leichen junger Soldaten mit einem guten Gebiss, das sie herausrissen. Diese Zähne wurden massenweise an Zahnärzte in ganz Europa verkauft, besonders in Großbritannien, die daraus funktionierende Gebisse für gewöhnliche britische Bürger anfertigten. Es war in den Jahrzehnten nach den Napoleonischen Kriegen nicht ungewöhnlich, dass ältere Menschen in Europa ein Gebiss trugen, das einst einem unbekannten jungen Mann gehörte, der sein Leben im Krieg verloren hatte.

Die schiere Anzahl der verlorenen Leben hatte einen großen negativen Effekt auf alle beteiligten Länder und destabilisierte die Demographie bestimmter Nationen erheblich. Frankreich zum Beispiel würde sich nie vollständig von den Opfern erholen, die dieser Konflikt gefordert hatte. Es wird geschätzt, dass fast 3.000.000 Franzosen - Militär und Zivilisten zusammen - in dieser Zeit ihr Leben verloren. In den Jahren nach dem Krieg war die französische Bevölkerung stark erschüttert, besonders in Bezug auf das Verhältnis von Männern zu Frauen. Nach dem Krieg gab es nur etwa 0,857 Männer pro Frau. Frankreich verlor seine demographische Überlegenheit gegenüber Deutschland, Österreich und dem Vereinigten Königreich in nur wenigen Jahren. Die Gesamtzahlen aller beteiligten Nationen sind weit höher. Es existieren verschiedene Schätzungen, die sich im Durchschnitt auf etwa 5.000.000 Tote belaufen, und irgendwo nahe bei 7.000.000 liegen. Man muss die Schwierigkeiten genauer Schätzungen aufgrund der zahlreichen oben genannten Gründe und der weitreichenden Folgen dieses Konflikts berücksichtigen. So können beispielsweise die zivilen Todesopfer, die durch die Napoleonischen Kriege verursacht wurden, nie genau bestimmt werden. Die Gründe könnten zahlreich sein, von Krankheiten über Hunger, Kälte, Armut, Gräueltaten oder alles dazwischen. Nichtsdestotrotz kann das menschliche Opfer nie übersehen werden. Während wir hier über Zahlen und Statistiken lesen und schreiben, müssen wir uns aus dieser Gleichgültigkeit aufrütteln und die Geschichte aus einem anderen, kritischen Blickwinkel betrachten. Wir müssen in uns jene lange schlummernde Empathie wecken und uns in das Zeitalter Napoleons hineinversetzen. Um den Kampf und das Leid zu spüren und zu visualisieren, das unzählige Männer und Frauen in den Wirbelstürmen des globalen Konflikts ertragen mussten. Denn dies sind keine fiktiven Figuren. Dies sind unsere Vorfahren, unsere Ahnen, die ausharren mussten, um denen, die nach ihnen kamen, eine freie Zukunft zu sichern. Und ihr Opfer kann niemals durch Zahlen und einfache Statistiken vereinfacht werden.

Fazit

Der Wille der großen Führer der Welt ist oft genug unerschütterlich. Einige werden geliebt, einige verachtet, einige haben Recht - andere Unrecht. Aber können sie im Recht sein, wenn ihre Ziele und Missionen zu Krieg führen? Können ihre Anliegen gerecht und positiv sein, wenn Leben geopfert werden, um sie zu erreichen? Dies könnte die Frage sein, die wir uns immer stellen werden. Wir können Tage damit verbringen, Stapel von Büchern zu durchforsten und versuchen, die Napoleonischen Kriege bis ins kleinste Detail zu sezieren, aber wir werden nie den großen Verlust an Menschenleben rechtfertigen können, den sie verursacht haben. Napoleons Kampf hatte seine fairen Anteile an positiven und negativen Aspekten, was seine Figur zu einer Art Dualität macht: Einige bewundern ihn, andere weniger. Aber wofür auch immer sein Kampf stand, wir müssen uns immer daran erinnern, dass in seinem Rücken Tausende und Abertausende junger Männer und Frauen starben - die ihr Leben auf seinen Wink und Ruf hin opferten. „Wage es", flehte ihn sein Bruder Lucien an, „Wage es, wie du es zuvor gewagt hast." Aber Napoleon Bonaparte erkannte vielleicht in diesem Moment, dass sein Wagemut Europa so viel gekostet hatte - unwiederbringlich. „Ach, ich habe schon zu viel gewagt", antwortete er, vielleicht in dem Gedanken, dass keine weiteren Leben mehr auf seine Rechnung geopfert werden konnten. Man muss sich über die Tiefe und Komplexität solch großer Geister wundern - was Napoleon zweifellos war. In seinen letzten Jahren, die er in Isolation auf der verträumten tropischen Insel St. Helena verbrachte, war Napoleon Bonaparte gezwungen, sich all den Geistern und Dämonen zu stellen, die ihn möglicherweise heimsuchten. Und wenn sie es taten, waren sie sicherlich zahlreich. War es ein persönliches Opfer, wissentlich so viele Männer in ihr Verderben zu führen und mit dieser Last zu leben? Oder war es einfach die Unermesslichkeit seines Egos, die es ihm nicht erlaubte, viel darüber nachzudenken? Dies sind die Fragen, die mit

Napoleon unter der kunstvollen Marmorkrypta in Paris ruhen, und Fragen, auf die wir nie Antworten haben werden.

Von Aleksa Vučković

Quellenangaben:
Bennet, G. 2004. *Die Schlacht von Trafalgar.* Pen and Sword.
Brnardic, V. 2004. *Napoleons Balkantruppen.* Osprey Publishing.
Fisher, T. 2013. *Die Napoleonischen Kriege: Die Imperien schlagen zurück 1808-1812.* Routledge. Freedman, J. 2016. *Strategische Erfindungen der Napoleonischen Kriege.* Cavendish Square Publishing. Kiley, K. 2015. *Artillerie der Napoleonischen Kriege Band II: Artillerie bei Belagerungen, in Festungen und in der Marine 1792-1815.* Frontline Books. Mace, M. und Grehan, J. 2013. *Britische Schlachten der Napoleonischen Kriege, 1793-1806.* Pen and Sword. Mace, M. und Grehan, J. 2013. *Britische Schlachten der Napoleonischen Kriege, 1807-1815.* Pen and Sword. Maude, F. 1911. *Napoleonische Feldzüge.* Encyclopedia Britannica. Maude, F. 1998. *Der Jena-Feldzug, 1806.* Pen & Sword. McGrigor, M. 2004. *Trotzig und entmastet bei Trafalgar: Das Leben und die Zeit des Admirals Sir William Hargood.* Pen and Sword. Mikaberidze, A. 2020. *Die Napoleonischen Kriege: Eine globale Geschichte.* Oxford University Press. Muir, R. 2000. *Taktik und Schlachterfahrung im Zeitalter Napoleons.* Yale University Press. Paret, P. 2009. *Die kognitive Herausforderung des Krieges: Preußen 1806.* Princeton University Press. Rapport, M. 2013. *Die Napoleonischen Kriege: Eine sehr kurze Einführung.* OUP Oxford. Roberts, A. 2001. *Napoleon und Wellington: Die Schlacht von Waterloo und die großen Feldherren, die sie schlugen.* Simon & Schuster. Robinson, C. 1911. *Spanischer Unabhängigkeitskrieg.* Encyclopedia Britannica. Schneid, F. 2012. *Napoleonische Kriege.* Potomac Books. Warner, O. 2003. *Nelsons Schlachten.* Pen and Sword. Weider, B. und Franceschi, M. 2008. *Kriege gegen Napoleon: Entlarvung des Mythos der Napoleonischen Kriege.* Savas Beatie.

Don't miss out!

Visit the website below and you can sign up to receive emails whenever History Nerds publishes a new book. There's no charge and no obligation.

https://books2read.com/r/B-A-ODOK-NJACF

BOOKS 2 READ

Connecting independent readers to independent writers.

Also by History Nerds

Königin Amanirenas
Anne Frank
Florence Nightingale
Nakano Takeko
Lyudmila Pawlitschenko
Lagertha

Geschichte der welt
Die Geschichte Schottlands
Die Geschichte von Wales

Great Wars of the World
War Omnibus
World War 1
World War 2
The Napoleonic Wars: One Shot at Glory
The Serbian Revolution: 1804-1835
Peace Won by the Saber: The Crimean War, 1853-1856
The American Civil War

Pirate Chronicles
Grace O'Malley: The Pirate Queen of Ireland
Blackbeard
William Kidd
Ching Shih
Anne Bonny

The History of England
Roman Britain
Medieval England
The Wars of the Roses
Tudor England

The History of the Vikings
The History of the Vikings
Vikings
Longships on Restless Seas

Weltenbrand: Die großen Konflikte
Erster Weltkrieg
Zweiter Weltkrieg
Die Napoleonischen Kriege

Women of War
Boudica: Queen of the Iceni
Joan of Arc
Irena Sendler
Virginia Hall
Queen Amanirenas
Anne Frank
Florence Nightingale
Nakano Takeko
Lyudmila Pavlichenko

Lagertha
Women of War Omnibus: Books 1-5
Women of War Omnibus: Books 6-10

World History
The History of the United Kingdom
The History of Ireland
The History of America
The History of Scotland
The History of Wales
The History of India
The History of Canada

Standalone
Grace O'Malley: Die Piratenkönigin von Irland

Milton Keynes UK
Ingram Content Group UK Ltd.
UKHW 1834201024
440014UK00004B/388